掌尚文化

Culture is Future

尚文化·掌天下

BUSINESS
ADMINISTRATION
CASE
STUDIES

杨宏力

主编

张宪昌

副主编

工商管理案例研究

第一辑

经济管理出版社
ECONOMY & MANAGEMENT PUBLISHING HOUSE

图书在版编目（CIP）数据

工商管理案例研究 . 第一辑 / 杨宏力主编 . — 北京：经济管理出版社，2023.7
ISBN 978-7-5096-9154-0

Ⅰ . ①工… Ⅱ . ①杨… Ⅲ . ①工商行政管理—案例 Ⅳ . ① F203.9

中国国家版本馆 CIP 数据核字（2023）第 140790 号

组稿编辑：张　昕
责任编辑：钱雨荷
责任印制：黄章平
责任校对：王淑卿

出版发行：经济管理出版社
　　　　　（北京市海淀区北蜂窝 8 号中雅大厦 A 座 11 层　100038）
网　　址：www. E-mp. com. cn
电　　话：（010）51915602
印　　刷：唐山昊达印刷有限公司
经　　销：新华书店
开　　本：787mm×1092mm /16
印　　张：10. 75
字　　数：195 千字
版　　次：2023 年 8 月第 1 版　　2023 年 8 月第 1 次印刷
书　　号：ISBN 978-7-5096-9154-0
定　　价：88.00 元

《工商管理案例研究》顾问委员会

（按姓氏笔画排序）

《工商管理案例研究》编辑委员会

序 言

世界上没有固定的现代化发展道路，也不存在定于一尊的现代化企业管理模式。党的二十大报告指出，中国式现代化为人类实现现代化提供了新的选择，中国共产党和中国人民为解决人类面临的共同问题提供了更多与更好的中国智慧、中国方案和中国力量。中国独特的基本国情和文化传统，孕育了独特的企业家使命，注定了中国企业管理在遵循现代原则和一般规律的基础上，必然呈现出多姿多彩的本土化特征。在全面建设社会主义现代化国家新征程、向第二个百年奋斗目标进军的新时期，讲好中国企业管理故事，必须深入研究中国企业管理案例。

在聊城大学和社会各界的大力支持下，管理案例集《工商管理案例研究》（第1辑）于2023年1月正式组稿完成。本书所选取的案例聚焦于当前中国工商企业管理的现实情境，兼顾时代性和现实性，以管理经济学、战略管理、企业文化、人力资源管理、创业学等模块为框架，以本土化组织的企业管理实践为主要案例内容。本书案例全部是真实的案例，主要由商学院组织教师对鲁西地区企业进行一手调研和采编而成，有3篇案例分别来自山东大学、西南科技大学、山东财经大学专家约稿，其中2篇案例得到了中国管理案例共享中心的授权。每篇案例都按照中国管理案例共享中心案例库的体例来整理。案例后面设置了启发思考题，供分析案例之用。

本案例集主要供MBA、EMBA学生在学习相关课程时使用，也可供案例学习和研究者，以及经济管理类本科生在学习时使用，旨在突出培养学生理论联系企业管理实际、运用理论分析和解决企业管理实际问题的能力，以提高应用型人才培养质量。该案例吸收和借鉴了工商管理案例课程改革的研究成果，对推动高等学校经济管理类课程教学改革具有一定的积极意义。

在党的二十大召开后的第一年推出《工商管理案例研究》，我们感受到光荣的历史感和沉甸甸的责任感。党的二十大报告指出，要坚持以推动高质量发展为主题，把实施扩大内需战略同深化供给侧结构性改革有机结合起来，增强国内大循环内生动力和可靠性，提升国际循环质量和水平，加快建设现代化经济体系，着力提高全要素生产率，着力提升产业链供应链韧性和安全水平，着力推进城乡融合和区域协调发展，推动经济实现质的有效提升和量的合理增长。

这为当前和今后较长一段时期我国宏观经济高质量发展与微观企业管理指明了方向。坚持更好地统筹国内国际双循环，植根于中华大地的现代企业管理理念，必将焕发出更闪耀的光芒。

《工商管理案例研究》诞生在这样的历史环境中是幸运的。因为中国正走向中华民族复兴的伟大征程，其波澜壮阔的现代化管理实践为案例研究提供了丰厚的企业管理沃土以及大量的管理研究素材。案例成果既可以是教学型案例，也可以是研究型案例。"星星之火，可以燎原。"我们将在工商管理案例研究领域努力做出更大的贡献。

聊城大学商学院

聊城大学 MBA 教育中心

2023 年 1 月 16 日

目 录

1

战略管理

点亮"最后一公里"：
诚信诺公司的战略转型之路 ①

摘要： 本案例描述了深圳市诚信诺科技有限公司（以下简称"诚信诺公司"）的战略转型过程，通过"寻找追光路上的同道人""研发创新领跑市场""雪花般订单下的隐患"三个故事，引导学习者了解诚信诺公司 16 年来的发展和变化，讨论在充满不确定性的环境下，企业如何通过战略转型获得可持续竞争优势，并进一步围绕新战略的动因、困境解决、未来发展等问题展开讨论。

关键词： 深圳市诚信诺科技有限公司；太阳能灯；战略转型；可持续竞争优势

Light up the Last Mile: The Road to Strategic Transformation of the Power Solution Company

Abstract: This case takes the Power Solution Co., Ltd. as the starting point to resume production. Through three stories, it guides learners to understand the development and changes of the Power Solution in the past 16 years. Guide learners to discuss how companies can achieve sustainable competitive advantage through strategic transformation in an environment full of uncertainty. And guide learners to further discuss the motivation of the new strategy, dilemma resolution, future development and other issues.

Keywords: Power Solution; Solar Lamp; Strategic Transformation; Sustainable Competitive Advantage

---

① 本案例由西南科技大学经济管理学院何波教授、张宏亮博士，诚信诺公司董事长李霞，中国人民大学徐京悦副教授、MBA 学生李慧共同撰写，经中国管理案例共享中心授权使用。由于企业保密的要求，在本案例中对有关名称、数据等做了必要的掩饰性处理。本案例只供课堂讨论之用，并无意暗示或说明某种管理行为是否有效。

案例正文：

点亮"最后一公里"：诚信诺公司的战略转型之路

"我自己来自 BOP，所以希望能够给别人打开一扇窗，给他一盏灯，带来一些改变，将灯光送到世界'最后一公里'。"

——李霞（深圳市诚信诺科技有限公司董事长）

2021 年 4 月 19 日 TED 演讲（深圳）演讲现场，全场一片黑暗……

李霞："在现代化的今天，像这样没有电，没有光，大家的感受是什么？焦虑？恐惧？一天也许能忍受，那么一个月，一年，甚至于一辈子呢？很多人觉得现在经济这么发达了，一辈子用不上电的人应该还是少数吧？"

灯亮。

李霞："但事实是，这个群体非常庞大，时至今日，全球超过 10% 的人口约 8.4 亿人仍生活在没有任何电力的地区，大部分人每天的收入不到 2 美元，也就是一个月的收入不到 400 元。国际上对这个群体有个统一的名称叫 BOP，它的全称叫 Bottom of the Pyramid，指的是生活在金字塔底层的人群。今天我以企业创始人的身份站在这里分享关于 BOP 的故事。"

跟随着李霞的分享，深圳市诚信诺科技有限公司 16 年的发展历程如画卷般——展开……

一、行业背景

1. 中小贴牌企业现状

伴随改革开放的全面推进、中国加入世界贸易组织带来的交易便利、中国出口优惠政策的刺激、人口红利等优势，中小代工企业快速发展。据统计，全世界有 33% 以上的小五金和家电、超过 1/3 的箱包、50% 的鞋和电话及 70% 的玩具由中国制造，"Made in China"遍及世界各地，中国被称为"世界加工厂"。

2008年世界金融危机造成市场需求骤降，加之中国人口红利等原有低成本优势丧失，及发达国家品牌企业加工基地向东南亚等劳动力和土地成本更低的国家和地区转移，中小代工企业经营风险骤增。中小代工企业告别春天进入了漫长的"冬季"，它们不得不快速转型以应对环境变化。

很多中小代工企业试图通过向价值链的上端靠近，通过创造更多的客户价值、赢得更多的市场来获取更多的利润。但是，中小代工企业普遍缺乏核心技术、自主知识产权及自主品牌，仅有少数转型升级成功，获得良好的绩效。尤其东南沿海各地代工企业关停潮频频上演，2014年金融危机后又出现了新一轮的关停潮①。以曾号称"世界工厂"、位居"广东四小虎"之首的东莞为例，截至2011年3500家代工企业倒闭了1800家，2016年只剩下几百家。中小代工企业面临"不转型就死，转型不好死得更快"的严峻生存挑战。

2. 太阳能产品行业现状

世界银行发布的人口数据显示②，2005年全球有20多亿人生活在贫困线以下，其中约有12亿人生活在没有任何电力设施的区域，他们用蜡烛作为主要照明工具，每个家庭每月用于蜡烛的费用为1~2美元（约占他们收入的23%）。每年有250万人因烛火而死亡，也有280万人因燃煤油烟而死亡（由于火灾或者其居住环境导致其吸入过多二氧化碳），全球每年因蜡烛燃烧产生的二氧化碳超过19亿吨，约占全球二氧化碳排放量的1%。极度贫苦地区当地的医疗条件有限，加之密闭的生存空间，二氧化碳带给人群呼吸道相关的疾病在当地不容小觑。

亚非拉地区气候炎热、日照时间长，发展太阳能是解决局部照明和用电问题安全、环保的可行路径。其中，大型城市通过在周边建设光伏发电站解决城市供电问题，而居住分散、没有电网的地区，家庭照明采用太阳能手电筒、太阳能小灯等小型太阳能照明器具。非洲、拉丁美洲的国家本国没有光伏产业，没有相关的国家标准和行业标准，光伏产品全部依靠进口。

欧美的SUNKING、Bbox、D.light公司是非洲小型太阳能照明器具市场占有率最高的品牌公司，年销售额为2000万~3000万美元。它们的业务模式是自己设计和建设品牌，由中国企

---

① 世界工厂不好当了 东莞面临新一轮企业倒闭潮[J/OL]. 新浪科技，http://tech.sina.com.cn/it/2016-01-03/doc-ifxneept3589637.shtml，2016-01-03.

② 世界银行数据库，https://data.worldbank.org.cn/indicator/SI.POV.DDAY?view=chart.

业代工生产，产品原产地和供应链均在中国。它们的资金来源有国际非营利组织和慈善机构的捐赠、跨国大公司企业社会责任的经费，或者低价销售给 BOP。调查数据显示，BOP 人群的生存状态每一天的收入小于 2 美元，当地基础设施很差、经济不发达、交通不发达，所以有很多东西到达不了"最后一公里"。以埃塞俄比亚为例，当地虽然白天阳光普照，但是到了夜里，光却成了奢侈品。据统计，埃塞俄比亚有 1/4 的人口生活在无电区，这些地方也被称为是光明难以抵达的"最后一公里"。BOP 人群的购买力水平很低，但是对于通信、教育与医疗等方面的需求不断增加，他们对产品价格敏感度极高，不会轻易尝试陌生品牌的产品，对商品的多样化、复杂性需求低。消费者购买产品可获得相应的补贴。

二、企业背景

深圳市诚信诺科技有限公司创立于 2004 年，公司秉承"诚立业、信行远、诺双赢"的经营理念并因此而取名，公司生产和办公地址在深圳市宝安区。

2004～2008 年，诚信诺公司的主营业务为消费类电子产品贸易，积累了国际化经营的经验。在此期间，公司进行了多元化尝试，将产品范围扩展到化妆包、水果篮等生活日用品和礼品包装、赠品等。中国经济进入高速发展期、国际贸易一片繁荣，诚信诺公司的业绩也成长很快。截至 2008 年，公司的年销售额就达到了 2000 多万元，消费类电子产品的出口贸易业务也非常成熟稳定。

2007 年李霞从印度回来后，开始上网查资料，并由此知道了一个专有名词：BOP。2008 年，金融危机悄然来袭，如飓风般席卷电子行业，LED 灯、电池成本大幅下降，加上处于深圳这个电子之都的优势，让李霞敏锐地抓住了发展的方向。2009 年李霞决定进入太阳能和灯具行业，将其合二为一，生产出一套太阳能应用类的产品。"印度之行"的种子在李霞心中生根发芽，她将企业战略定位为"Work for BOP"。李霞成立了自己的研发团队，生产出专为 BOP 群体定制的低价太阳能灯，取了一个很酷的名字：Candles Killer——蜡烛消灭者，打败暗藏风险的蜡烛！致力于"绿色能源改变全球 BOP 人口生活品质"。

截至 2020 年 12 月 30 日，诚信诺公司产品已经出口到 66 个发展中国家，超过 544 万个家庭受益，覆盖终端用户 3808 万，太阳能发电量约 4107 万度，实际减少约 424 万吨二氧化碳排

放 ①。诚信诺公司的组织架构见附录一，公司的发展历程和大事记见附录二。李霞经常给员工说："我自己来自 BOP，所以希望能够给别人打开一扇窗，给他一盏灯，带来一些改变，将灯光送到世界'最后一公里'。"

三、价值观创造价值，寻找追光路上的同道人

Candles Killer 产品推出后，BOP 家庭基础照明费用直接由每月 7 元人民币降到了 0.83 元人民币，而且照明质量更高。然而，最好的材料、最低的价格、最美好的愿望变成了最微薄的利润。2008 年后的诚信诺公司与之前完全代工相比，盈利能力下降很多。李霞明白，只靠自己的满腔热情，很难和国际大品牌竞争，而作为制造业，公司活下去的首要条件就是要有大量的订单。李霞说："我们在展会上跟客人相识，从几十个、几百个开始做，慢慢摸索和探索市场，还要说服客户（经销商）。当时我们也并不确定 BOP 群体到底有多大的潜力、多大的商业价值，刚开始做的时候是懵懂的，花了很长时间说服客户进入这个领域。2009 年到 2011 年是非常艰难的，出货量极少，这三年时间是在验证，每个客户都在验证市场、验证商业模式是否可行。所以我们几乎等了三年，才看到了一朵小花在盛开，或者是小种子在发芽……"

为了获取大量的订单，李霞选择了双贴牌做代工，做了大量的市场调研并开启了与经销商的各种博弈。自 2010 年开始，李霞每年会带领诚信诺团队在当地品牌商的陪同下到一线用户家中调研。每次 1.5 个月左右，实地调研三四个国家的一线用户。截至 2019 年底，李霞和团队共拜访了大约 30 个国家，包括埃塞俄比亚、索马里、肯尼亚、尼日利亚、泰国、印度、尼泊尔、菲律宾、海地，走访了超过 100 个来自不同国家的 BOP 家庭。媒体列出的"十个世界上最危险国家"中，李霞去过七个。下车走六七个小时的山路是家常便饭，到达 BOP 群体家中已经累到虚脱。

由于当地的政治、安全、经商环境有诸多的不确定性因素，公司团队是不敢只身前往去一线找客户（经销商）的。同时，公司也不具备在当地建立强大的分销网络的能力，所以会选择跟当地的经销商和大型的分销商合作。大多数的经销商来自两个渠道：一是广交会；二是类似

---

① 诚信诺公司官网，http://www.power-solution.net.cn/cn.

B2B 的阿里巴巴、中国制造、GMC 等线上平台。李霞不仅亲自带着团队跑市场，实地调研用户，而且还要千方百计地说服和自己有合作意愿的客户（经销商）和供应商一起去 BOP 市场调研。

在 2011 年的广交会上，李霞认识了埃塞俄比亚的经销商法索先生。法索先生后来回忆说，刚开始接触太阳能产品这一领域，刚刚认识李霞的时候，心里对这类产品也不是特别有信心，因为这边的人的支付能力是很差的。但是李霞说，如果一两箱卖不出去，就当作是做慈善，送给当地老百姓了。

李霞和法索是从 60 件产品开始合作的，当时，埃塞俄比亚对太阳能产品一无所知，在这样的地方开拓新产品并站稳脚跟非常困难。李霞跟法索说："我们的产品上可以同时印制"Power Solution"和您的品牌，帮助您的品牌在当地提高影响力。"这一点让法索非常满意。同时，李霞又跟法索说："但是，您必须和我一起走访一次农村的终端用户。"对此，李霞的解释是："我们希望经销商能够和我们一样感同身受，跟我们拥有同样的价值观，知道我们为怎样的人群服务，获得内心的满足感和幸福感。对于我们来说，产品设计 C2B 是非常重要的，C 是按照用户的需求来设计产品，我们也希望经销商和分销商在销售的过程中有更多的体会，才知道如何经营和宣传产品。"

2019 年 11 月 24 日，在广东卫视访谈节目《丝路汇客厅》中①，埃塞俄比亚供应商法索说："如果不是因为李霞的强烈要求，要去看 BOP 人群，要到'最后一公里'去。我估计有生之年都不会到这样的地方去。但是去了之后，我就知道为什么要选择和李霞合作了，因为我也想为我的国家做一点事。"

诚信诺公司花了 7 年时间把法索的品牌做到埃塞俄比亚的第一品牌。2018 年 6 月，经过多次协商，双方同意在埃塞俄比亚合作建厂，开展家庭式充电器（PS-K013T）的组装、销售及维修服务。约定诚信诺公司提供所有部件、员工培训，法索负责组织生产、市场推广和渠道建设，产品上同时印制"Power Solution"和法索先生的品牌。

---

① 2019 年 11 月 24 日 22：00 广东卫视《丝路汇客厅》节目：《她用 10 年走遍 63 个国家，为 442 万家庭带来光明》（走进李霞的世界，听点亮"最后一公里"的故事）。

四、基于终端用户"痛点"的升级，研发创新引领市场

2012 年 2 月初春，刚复工不久，节日的气氛还没散尽。大清早李霞就被一阵激烈的敲门声惊醒。公司业务部的 Judy 推门而入，把一堆山寨产品"哗啦"一声倒在办公桌上，"就是这些劣质山寨产品，快把我们肯尼亚市场抢占完了！公司在肯尼亚的市场份额约 20%，然而整个月客户未下一单，转而选择山寨产品，山寨产品价格便宜 20%，但性能降低了 40%，商人都是逐利的"。

"公司将产品塑胶筐做到最小，灯罩使用比较贵的 PC 料制作，用了最小的尺寸，但是达到了同样的照明效果。太阳能板用的是效率最高质量最好的太阳能源公司（Sunpower）的，电池用的是动力电池——磷酸铁锂电池，全循环充放电达到 2000~3000 次。LED 灯珠用的是美国能源之星 LM-80 的标准，整个产品寿命最少 3 年，一般可以使用 5 年，产品的设计是照明 5 个小时的太阳能灯晚上亮 4~6 个小时，在不阅读的情况下，一家人煮饭、吃饭，最低可以用 6 个小时。通过用卡扣结构设计，整个产品只用一颗螺丝固定。但是这些山寨产品用了 4 颗螺丝钉，增加了产品的重量和成本，价格还更低，它们用最次的材料，使用寿命只有我们产品的 1/10，造成大量电子垃圾问题。但是，BOP 地区的用户只关注价格。"

李霞明白，和山寨产品竞争，诚信诺公司唯一能做的事情是不断迭代产品。2014 年诚信诺公司正式成立研发部（见附录二），将公司的口号定为："From BOP and Work for BOP"（从 BOP 中来，为 BOP 服务）。为了让全球 BOP 人群都能买得起、用得起，不被山寨产品迅速替换，研发人员绞尽脑汁，在确保顶级质量的前提下，做好产品迭代。

BOP 人群的共性是贫困，需要在各个国家不同的用户里找出他们共同的需求。于是，诚信诺将公司的核心竞争力定义为生产标准化微定制产品，标准化是指产品符合各个不同 BOP 人群的共性需求，微定制是指不同的国家可能会有不同的颜色，设计不同的包装、文字、图案、背景颜色，包括经销商的标识。

2008~2010 年，诚信诺最初做的手提灯是 360 度的，价格为 15~16 美元，在用户的调研中，研究团队发现 360 度的灯光线比较扩散，但是 BOP 家庭往往需要的是照亮局部（比如吃饭的时候）区域。同时，360 度的灯机身比较高，需要更多的材料，导致运输成本更高。2011 年开始，公司将这款灯采用外观更加扁平的设计，光束朝一个方向聚拢，新的设计能将一个货柜从以前装 3000 台增加到 6000 台。

为了给 BOP 人群提供成本尽可能低又实用的产品，从 2012 年起，诚信诺公司放弃了几类产品，比如太阳能车窗、太阳能安防灯、小功率的太阳能灭蚊灯（不同区域的蚊子对波长的感觉是不一样的）。

2012 年，李霞带领团队与经销商亚撒利雅先生一起访问埃塞俄比亚山区。烈日炎炎，驱车颠簸 3 小时，又步行 5 小时崎岖山路才到达孔索族村子，村子路边随处可见丢弃的矿泉水瓶子。他们发现阅读灯的底座太重，运输成本太高。诚信诺研发团队随即将阅读灯的底座去掉大半，预留了用矿泉水瓶做支架的"空间"。如此一来，原来只能装 40 个产品的货箱，现在能装 96 个，整体制造和运输成本降低了 20%。

2014 年，李霞和团队第一次到海地，看到一名男子坐在地上，神情专注地守护着支架上的太阳能小板，充好电之前他一直守在旁边防止支架倾倒。2015 年 3 月诚信诺正式推出"绳套灯"，在太阳能灯上加了挂绳，挂在脖子上或戴在头上就可使用，解放了使用者的双手。

2016 年，诚信诺业务部团队再次来到印度乌代普尔。时值雨季，他们看到女主人蹲在地上做饭，她把木头架在坑上，用支架把锅吊在柴火上方，屋子的角落里摆着世界银行捐赠的太阳能炉具，她说虽然这个炉具可以在做饭的时候作为一盏灯，但是做饭太慢，做好一家六口人的饭需要 2 小时，所以并不常用这个炉子。回国后，诚信诺和深圳职业技术学院团队联合研究设计了一款热能转换充电炉具。

2017 年，李霞带着团队到卢旺达，镇子里的公交站台有大幅的各类广告，智能手机成为 BOP 居民了解外界信息和联系工作的工具，但是当地没有 3G、4G 网络，靠 2G 传输。2018 年 3 月，诚信诺开始开发带屏的太阳能灯，即在原有太阳能灯的基础上附加一个显示屏。设计成开灯自动播放，植入了捕鱼、生产、耕种、加工等技能知识以及教育、卫生、环保等方面的知识，将教育送到"最后一公里"。而内置求救报警功能的太阳能灯系列产品，就是诚信诺科技公司专门为夜间户外工作者研发的产品。据各国的非政府组织采购、使用信息反馈，这个系列灯具的普及不仅降低了贫困地区人身意外事件的发生率，也极大地保障了女性夜间出行的安全。

由于 BOP 群体购买力有限，为了让更多 BOP 家庭能够无后顾之忧地使用照明工具，2016 年，在支付方式上李霞带领团队推出了"Pay as You Go"产品线，赋予这些太阳能灯具充值的功能，让 BOP 可以分期支付租用太阳能灯具的费用，用金融的方式来解决支付不起的问题。

2019 年，诚信诺在考虑产品设计合理的同时，开始关注可持续可循环问题。在现实生活中，灯线灯泡的损耗是不同步的，诚信诺公司设计的节能灯灯线灯泡是可分离的，在某一单一部件损耗时不至于将产品全部丢弃造成浪费。同时，为解决电子垃圾问题，李霞团队还于2020年在当地建立回收和维修体系。

2020年3月，疫情期间，诚信诺开始开发带屏的太阳能灯将预防疾病等教育类的内容以视频的形式传播。在第一批示范项目中，直接植入如何预防COVID类知识，收到了星展银行（DBS）的第一笔资助款。同时，埃塞俄比亚第一夫人办公室直接下订单，订单资金的注入让诚信诺在疫情防控期间平稳度过了资金短缺的严重困境。

2020年4月，受疫情影响，外贸企业遭受重创，诚信诺公司仍然持续投入研发，实现"蜡烛消灭者"的技术创新升级，不断优化用户的使用体验，在保证同等品质的情况下，进一步地降低成本。产品在阳光动力基金会（SIF）官网展示，获得"阳光动力高效解决方案"的标签。

> "服务BOP群体创新的特殊性在于它不一定需要非常高的科技，我理解的创新是能否在原来的基础上进行很大的改善，更好地满足用户的需求，用更低的价格解决他的问题，这是我服务BOP人群的创新。"
>
> "从北京寄一个包裹到哈尔滨可能才10元钱，但是在不发达国家，'最后一公里'运输的挑战难度是极高的，甚至于大家没有办法想象，最后一公里是要靠骡子驮上去的，可能要驮10个小时才能到用户家庭。一个包装运输如何节省成本，又不影响用户体验，这样的创新很有挑战。"
>
> ——李霞

五、雪花般订单下的隐患

2016年诚信诺的销售额达到了1200万美元。李霞突然发现，虽然不缺订单，自己却变成了"消防员"——市场渠道的拓展、客户的大量增加、产品研发节奏的变化，这些对团队管理和运行效率提出了挑战。

矛盾在一次经营分析周会上爆发了。

采购部："工程部和品质部需要达成一致后给我们明确的采购品质要求，同时，生产计划方面 PMC 和生产部能不能先达成一致，再给我们下任务。"

工程部："PMC 不能随意调整订单顺序，不然我们就被绑架了，根本没有办法完成交期。"

品质部："工程部的工程变更通知书（ECN）频繁变更，实在无法操作，对产品质量有隐患。""新产品的转化率太低，产品研发延期周期长导致测试周期不稳定，新项目的风险订单问题无法解决。新产品的市场定位不够明确，需要制定相应的管理控制制度，现在的情况是做不了就做不了，延期就延期，最后给我们的生产时间完全不够。""各个岗位应该有清晰的岗位职责""采购应该提出核心供应商管理的标准。"

业务部："好几次仓库跟我说某个物料已经出完了，后来又出来一堆，我们希望仓库的数据更准确一些，最后导致我们赚的利润可能都在仓库的物料里面。""我们的如期交货可以达到90%，这个和跟单部的数据有一点出入……""新产品的延期对业务的影响实在太大了，因为模具费已经投入了。"

仓库："怎么会？我们的成品仓储不能超过 15 天，超过都会敦促出货。"

跟单部："我们反正没有办法做到'一条龙'服务。""我们的订单延期是比较少的，但是有一款产品的订单总是神奇般地存在，永远没有办法准时出货。上线的前几天总有问题，每次要么就是开关错了，要么就是管线埋错了。"

生产部："生产车间不是仓库，一线工人的工作环境需要改善，不然留不住人。"

市场部："我们要宣传什么，是否应该由业务部根据市场反馈给我们信息和标准？"

公司副总："财务年终总结才提出一堆问题，平时都干吗去了？"

……

每次周例会的时间特别长，从早上 9 点半一直要开到下午 1 点半，4 个小时不间断讨论各种各样的问题。

李霞意识到，是时候改变了。2018 年，诚信诺聘请博商管理学院为公司提供咨询服务。博商管理学院首先对诚信诺管理团队进行了组织梳理及工作分析的培训，重新梳理了公司层面的组织架构，并提供如何梳理部门职责、岗位说明书的工具及模板，由人力资源部组织讨论，定期辅导实施。其次根据诚信诺的战略规划，梳理了关键绩效指标（KPI），并分解到各高管、部门及核心骨干，推动中高层目标责任书的签订及宣贯。最后通过会议管理进行过程管控的规范，完成了周质询会辅导，拟定和颁布了周质询会制度，并确定月度经营分析会的机制。

从 2018 年起，诚信诺公司连续引进数名高级管理人员，包括财务经理、人力资源经理、品质经理和采购经理。

2019 年，诚信诺公司建立了外贸业务员培训制度和新财务制度，实现了业务服务一条龙和财务管理的规范化。

2020 年，诚信诺公司组织中高层开展多轮讨论，丰富和完善了企业文化，将企业愿景表达为"太阳能创造新生活"；企业使命定位为"源于 BOP 用户需求的创新性设计，为客户提供最具竞争力的产品和服务，让清洁能源人人可负担"；企业价值观定位为"诚信、创新、专业、务实、共赢"。

六、尾声

2020 年 4 月，国内疫情趋缓，国外疫情大规模暴发，几个大订单接连被取消。

作为一家外贸企业，客户不付款，撑不过三个月，公司的现金流就会断裂。李霞站在堆积如山的货仓里，陷入沉思：诚信诺需要将目光转向国内市场……

李霞召开全体员工视频会议。她告诫大家，不要忽视国内市场，认真对待。诚信诺长期合作的原始设备制造商 OEM 帮助它们理解了品牌运行的逻辑，同时，诚信诺公司的产品采用国际化标准，所有产品都通过了 BV[①]、TUV[②]、GS[③] 等国际化认证。诚信诺公司不管是与国外品牌竞争，还是逐步发展国内业务都要有自己的品牌。

李霞和团队再一次踏上了创业之路。

---

① 法国国际检验局（Bureau Veritas，BV）成立于 1828 年，是一家国际知名的检验、认证、咨询及工程质量控制的机构，提供全球业界领先的质量、健康、安全和环境（QHSE）以及社会责任领域的服务。Bureau Veritas Certification 组织在世界 60 多个国家的 200 多个办事机构中的专家进行体系认证业务，是公认的最具全球国际性的认证机构，是全球获得官署授信最多的认证机构。

② TUV：德国莱茵集团，为全球主要市场的产品提供安全与品质认证。拥有全球最大的太阳能光伏检测网络，在科隆、横滨、亚利桑那、班加罗尔、上海和台中皆设有太阳能光伏实验室，用于对光伏组件性能与持久性进行检测。

③ GS 的含义是德语"Geprufte Sicherheit"（安全性认证），也有"Germany Safety"（德国安全）的意思。GS 认证以德国产品安全法（SGS）为依据，是按照欧盟统一标准 EN 或德国工业标准 DIN 进行检测的一种自愿性认证，是欧洲市场公认的德国安全认证标志。

启发思考题:

1. 您是否了解中小贴牌企业?

2. 您认为诚信诺这样的企业面临什么样的困境?如果不转型行不行?

3. 如果要转型,应该如何转?

附录一 诚信诺公司组织架构

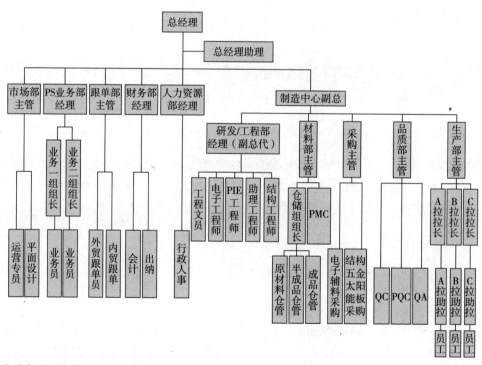

资料来源:诚信诺公司。

附录二 诚信诺公司发展历程及大事记

2004~2008 年,诚信诺公司主营业务为消费类电子产品贸易,为欧美奢侈品牌提供消费类电子产品赠品。

2009~2011 年，以消费类电子贸易为主，兼营面向 BOP 的太阳能小灯和手电筒的贸易。

2012 年，建立 500 平方米的加工厂，招聘生产工人，为亚非拉 BOP 市场的品牌商代工生产太阳能小灯和手电筒。

2016 年底，年销售额 8000 万元人民币。产品围绕太阳能照明小灯，产品类型更丰富。

2018 年 1 月 25 日，迎来壳牌基金，一起讨论了为全球 BOP 铺设基础照明设备与太阳能行业未来趋势，以及壳牌基金的资金注入问题。

2018 年 12 月 16 日，李霞女士再次受亚洲开发银行（ADB）邀请参加"能源绿色转型与高质量增长"高端论坛。

2019 年 3 月 8 日，世界银行点亮全球（Lighting Global）小组再次来到公司考察，双方深入探讨了太阳能可持续发展问题、第三世界基础照明建设及生活环境改善问题，并签订一系列订单。

2019 年 4 月 25 日，李霞女士受邀参加北大汇丰创讲堂特别期，并进行环保创业的新维度暨 2019YGT 路演，公司的产品和商业模式得到了主席冯仑和王石的高度肯定。

2019 年 5 月 24 日，诚信诺公司被评为"2019 中国最具发展潜力社会企业 TOP20"。

2019 年 6 月 21 日，董事长李霞女士受亚洲开发银行的邀请，在亚洲清洁能源论坛（Asia Clean Energy Forum 2019）上分享诚信诺公司在国计民生领域针对 BOP 群体的中国解决方案。

2019 年 7 月 14 日，诚信诺公司联合埃塞俄比亚当地政府开发援助（ODA）、广东卫视以及深圳市太阳能学会等为埃塞俄比亚一所中学的学生捐赠太阳能灯。

2019 年 9 月 19 日，李霞带着亲身案例登入中国科学技术发展战略研究院，与来自战略院、国外人才研究中心、《科技日报》社等多家单位的研究人员分享科技型企业在"一带一路"沿线国家的扶贫实践。

2019 年 9 月 30 日，诚信诺公司入选 2019 年度中国社会企业认证"金牌社企"。

2019 年 11 月 5 日至 7 日，第五届世界清洁炉具大会在肯尼亚举办，与会者包括众多国内外在清洁炉具领域有突出贡献的企业代表和专家，这是一个由联合国基金会于 2010 年支持创建的非营利性组织。李霞女士与业界各位同行以及专家共同分享在设计制造清洁烹饪厨具方面的经验。

2020 年 4 月，获得星展基金会社会企业奖助金计划，该计划收到了 600 份来自亚洲各地的社会企业申请，评审历时 500 余天。

"就李霞这个案例来讲,我觉得非常了不起!来深圳创业,而且选择的市场是非洲市场,从某种角度来讲不可思议,能把扶贫和商业结合起来,本身就是一种创新。如果说有什么示范和启示,就是年轻人眼光可以看得更开阔一些。如何把中国的制造变成当地的产品,针对性地与环保生态结合起来。这个是非常有示范意义的。"

——YGT 青年环保创新计划的全球导师 王石先生

李霞的诚信诺,胜在产品相对成熟,解决的社会问题非常明确。诚信诺从成立之初就是一家生产型的企业,但早期就确定了帮助 BOP 人群,并在过去十年的时间坚持这个目标。而星展奖助金将帮助诚信诺在印度推出的试点项目,意在帮助他们拓展到亚洲市场。在疫情暴发之后,我们更加坚定了支持诚信诺,将创新产品触达更多BOP 人群。

——星展基金会社会企业奖助金获奖点评

玻尿酸市场"群雄逐鹿"：

福瑞达该如何发力才能"笑傲江湖"①

摘要： 玻尿酸因具有修复轮廓、润滑、锁水保湿等功效，被广泛应用于化妆品、食品、医药等领域。经过30多年的发展，中国在玻尿酸原料的制备技术、质量和产业化规模等方面均达到国际领先水平，全球市场份额超过90%，目前该行业原料产能呈现过度饱和的状态。然而，在玻尿酸概念大热以及其利润堪比茅台的刺激下，大小玻尿酸原料生产厂商依然不停扩产，大批资本和企业还在疯狂入局。

山东福瑞达医药集团有限公司（以下简称"福瑞达"）是中国玻尿酸产业的开创者，率先实现玻尿酸原料量产并成功将其应用于眼科、骨科等医药品，护肤品和食品等。该企业凭借30多年的技术积累、品牌沉淀和全产业链经营优势，已经成为玻尿酸行业的领头羊之一。然而，随着玻尿酸行业竞争日益加剧，新技术研发和应用的深度和广度不断拓展，在产品快速迭代升级的背景下，福瑞达该如何进行战略布局才能保持其行业领先地位？其未来的出路又在哪里？该采取哪些竞争策略才能更有效地占领市场？

关键词： 玻尿酸；资源；价值链；产业生命周期；竞争优势；竞争战略

Hyaluronic Acid Market: How Should Freda Compete and Keeping its Leading Advantage

Abstract: Hyaluronic acid is widely used in cosmetics, food, medicine and other fields because of its functions of repairing contour, lubricating, water locking and moisturizing. After more than 30 years of development, China has become the international leading player in the preparation

① 本案例由山东财经大学MBA学院刘素教授、张宁老师和工商管理学院研究生伊晨喜撰写。由于企业保密的要求，在本案例中对有关名称、数据等做了必要的掩饰性处理。本案例只供课堂讨论之用，并无意暗示或说明某种管理行为是否有效。

technology, quality and industrialization scale of hyaluronic acid raw materials, with a global market share of more than 90%. At present, the raw material production capacity of the industry is in an oversaturated state. However, stimulated by the popularity of the concept of hyaluronic acid and its profit comparable to "Moutai", manufacturers of raw materials of large and small hyaluronic acid still continue to expand their production, and a large number of capital and enterprises are still crazy to enter the market.

Shandong Freda Pharmaceutical Group Co., Ltd. (hereinafter referred to as "Freda") is the pioneer of China's hyaluronic acid industry. It took the lead in mass production of hyaluronic acid raw materials and successfully applied it to ophthalmology, orthopedics and other medical drugs, skin care products and food. The enterprise has become one of the leaders in the hyaluronic acid industry with more than 30 years of technology accumulation, brand precipitation and the advantages of the whole industrial chain management. However, in the face of the increasingly fierce competition in the hyaluronic acid industry, the continuous expansion of the depth and breadth of new technology R&D and application, and the rapid iterative upgrading of products, how can Freda carry out strategic layout to maintain its leading position in the industry? Where is the way out in the future? What competitive strategies should be adopted to occupy the market more effectively?

Keywords: Hyaluronic Acid; Resources; Value Chain; Industry Life Cycle; Competitive Advantage; Competitive Strategy

案例正文：

玻尿酸市场"群雄逐鹿"：
福瑞达该如何发力才能"笑傲江湖"

一、玻尿酸："贵族产品"走入千家万户

玻尿酸，又名透明质酸，是一种高分子聚合物，广泛存在于动物体组织、植物体、微生物中。由于它像海绵一样能够吸收和保持大量水分，因此可以在肌肤保湿、润滑关节、促进创伤愈合等方面发挥重要作用。

最初研究人员只能从动物体如鸡冠、牛眼中提取玻尿酸，由于其操作过程复杂，提取率极低，难以实现大规模量产，导致当时的玻尿酸价格高昂，堪比黄金，高达1千克几万美元。这些问题在后续40多年里严重制约了玻尿酸行业的发展，只在眼科手术中有少量应用。后来资生堂化妆品公司率先开始采用微生物培养法制备玻尿酸，这使玻尿酸提炼成本大幅下降，这个"贵族产品"才能够有条件应用到化妆品行业。

当这种玻尿酸制备方法刚问世时，美国和日本都对中国实行了技术封锁。1983年，福瑞达创始人凌沛学先生经过潜心研究，在国内率先研制出玻尿酸生物提取技术，打破了西方的技术垄断，也为以后中国玻尿酸的量产及大规模应用创造了可能，福瑞达也成为中国最早开展发酵法制备玻尿酸的企业之一。

2010年以后，随着生产工艺的精进完善，玻尿酸在很多领域内得以普及和应用。例如在美容领域，玻尿酸在国内化妆品中被广泛应用。随着玻尿酸规模效应不断显现，玻尿酸价格不断下降，玻尿酸护肤品进入老百姓的视野。

二、玻尿酸原料的"江湖"大战

玻尿酸产业链可以分为三大部分：上游是玻尿酸原材料供应商，中游是负责玻尿酸研发、

生产、加工及销售的企业；下游是销售终端（见图1）。每个玻尿酸企业在该行业中的战略定位、业务侧重点和涵盖范围不同。

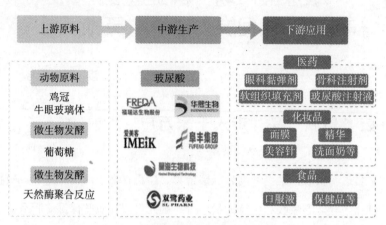

图1 我国玻尿酸行业产业链图谱
资料来源：笔者根据福瑞达和中商产业研究院相关资料整理。

1. 原料产地：世界的脸，山东的钱

在业界被称为"中国玻尿酸之父"的凌沛学院士说："应该说在玻尿酸领域，我们用30年的时间完成了跟跑、并跑到领跑整个过程，从2010年以后，从原料到制剂再到应用，我们领跑世界。现在是我们中国人卡全世界的脖子。因此，我觉得这个领域是值得中国人自豪的。"

在国内研究团队的不懈努力下，最先进的玻尿酸生产技术现在已经掌握在中国企业手中。中国也是全球最大的玻尿酸原料市场，2020年约占全球总份额的84%[1]，而市场占有率前五位的玻尿酸原料生产厂商均位于山东省。2020年，扩产之后的福瑞达和华熙生物的玻尿酸原料全球销量分列第一位和第二位[2]。

这种产业格局的形成和福瑞达紧密相关。福瑞达最早在山东济南开启了中国玻尿酸产业发展的征程，而华熙生物、焦点生物、安华生物等企业在发展历史上或多或少都跟福瑞达有渊源。随着"福瑞达系"玻尿酸企业越做越大，它们逐渐在山东形成了玻尿酸产业集群。在我国超过200家玻尿酸相关的企业中，山东企业占到了60%，高达130家，市场占有率更是达到

---

[1] http://static.sse.com.cn/disclosure/listedinfo/announcement/c/new/2022-04-15/600223_20220415_23_kmI1n3hu.pdf.

[2] http://www.enshi.cn/2022/0309/1091599.shtml.

90%以上[1]。因此，在玻尿酸行业流行这样一句话："世界玻尿酸看中国，中国玻尿酸看山东。"

2. 原料种类：不同的赛道，同样的精彩

玻尿酸原料根据用途和技术要求的不同，分为医药级、化妆品级和食品级三类。以 2019 年统计数据为例，销量最高的是化妆品级玻尿酸原料（占比约 51%，销量为 238 吨），其次是食品级玻尿酸原料（占比约 47%，销量为 220 吨），最后是医药级玻尿酸原料（占比约 3%，销量为 12 吨）[2]，图 2 为福瑞达旗下不同化妆品牌玻尿酸产品示例。

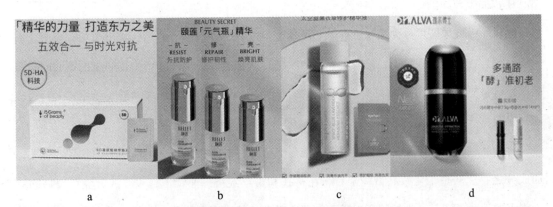

a   b   c   d

图 2　福瑞达旗下不同化妆品牌玻尿酸产品示例

注：a 是福瑞达的 5D 玻尿酸精华原液（次抛）；b 是颐莲玻尿酸富勒烯精华液；c 是伊帕尔汗太空蓝薰衣草（以油养肤水油互补精华液）；d 是瑷尔博士闪充精华液（抗初老紧致抗皱淡纹抗氧修护精华露）。

资料来源：福瑞达医药集团有限公司。

◇ **医药级玻尿酸**

医药级玻尿酸主要包括注射液和滴眼液，注射液玻尿酸主要有四个用途：一是治疗骨关节疼痛，二是作为润滑剂用于预防手术粘连，三是作为黏弹剂用于眼科手术，四是作为塑形填充剂用于防皱抗衰老；滴眼液玻尿酸，则可以用作减轻药物刺激、延长药效的药物载体。

医药级玻尿酸原料在质量控制、注册和生产技术要求方面更严格，市场准入门槛高，具有一定的生产技术和资质壁垒。该市场总体需求量不大，2022 年全球在 20~30 吨，但是附加值

---

[1]　https://www.cn-healthcare.com/articlewm/20210509/content-1218300.html.

[2]　前瞻产业研究院［EB/OL］. https://bg.qianzhan.com/report/detail/300/201221-d57f92ed.html.

高、毛利率高，售价在 3 万 ~ 4 万元，但是成本只有 10% 左右，所以很多资本非常青睐这个领域。

近年来，中国医美市场在"颜值经济"的刺激下，规模快速增长，玻尿酸被广泛应用于非手术类针剂注射及皮肤管理领域。不仅是有抗皱防衰老需求的中老年人，还有不少年轻人在变美的路上要求也越来越精细：高鼻梁、饱满的苹果肌、去除法令纹等，因为注射玻尿酸价格实惠、方便，成为许多人的不二之选。

◇ 化妆品级玻尿酸

化妆品级玻尿酸可分为玻尿酸原液和玻尿酸衍生物，在彩妆、清洁、发用类均有应用。玻尿酸原液，也叫玻尿酸精华，是一种保湿效果绝佳的护肤品。玻尿酸衍生物通过把不同的护肤品原料进行复配，起到"1 + 1 > 2"的效果，增加产品附加值。比如玻尿酸 + 维生素 C，可以起到保湿 + 美白的效果；玻尿酸 + 富勒烯，可以起到保湿 + 抗衰的效果。

化妆品级玻尿酸是最受消费者追捧，也是概念炒得最为火热的，是市场上护肤品的主要添加成分之一。从整个化妆品市场来看，在科技和美学经济的驱动下，以"成分党""科技党"为代表的消费者，其科学护肤意识觉醒，消费观念持续升级，消费也变得更为理性。消费者最关注的问题主要集中在抗衰老、美白、淡斑和保湿功效上，并且越来越关注化学成分与皮肤的关系、成分搭配情况以及品牌专利拥有情况。再加上国货化妆品品牌逐渐崛起，以及流量直播大力宣传等多方因素的共同作用，使玻尿酸护肤品在国内越来越受大众欢迎。

此外，由于功效不同，消费者可以将水乳、精华、面霜等各类化妆品叠加使用，因此，化妆品市场的"蛋糕"可以不断变大。得益于原料的大规模制备和技术的不断创新，化妆品级玻尿酸价格不断下降，并成为具有锁水保湿效果的化妆品原料的首选。虽然该原料附加值没有医药级玻尿酸高，毛利率水平也相应降低，但仍然高于食品级玻尿酸原料。

◇ 食品级玻尿酸

食品级玻尿酸，可直接口服或作为膳食添加剂，用于补充人体流失的玻尿酸。口服的玻尿酸除了可以保护眼睛、缓解骨关节炎、改善皮肤状态之外，在保护胃肠道健康方面也能发挥着重要作用。食品级玻尿酸制备技术成熟，每千克价格为 500~600 元，在三种原料中，原料价格和毛利率都是最低的。

玻尿酸食品在 21 世纪初就已经在国外上市，但在国内发展相对较晚，导致市场规模小，产品种类少，消费者认知度也不高。2021 年 1 月国家卫健委发布相关公告，批准玻尿酸由之前的仅能用于保健食品，扩大其应用范围至普通食品，但是限制规定每天 200 毫克的最高服用量。福瑞达是国内最早一批获得玻尿酸食品生产许可资质的企业，其在 2021 年推出玻尿酸饮品，该饮品的上市标志着中国正式进入玻尿酸"口服时代"。

虽然国家卫健委对口服玻尿酸有服用量的限制规定，但在实际消费中并不好把控。200 毫克的玻尿酸是加到一瓶水中还是两瓶水中呢？在消费者不了解规定的情况下，如果过量饮用会不会有副作用呢？目前市场上存在两种不同的声音：一种非常看好口服玻尿酸的功效，觉得有用、可行；另一种则认为是"智商税"，认为玻尿酸放到食品里就是骗人的。其实大家之所以对这种新生事物产生顾虑，是因为消费者对玻尿酸的认知主要是化妆品领域，认为它是外用的东西，口服的话可能不安全。网络上甚至出现了一个热门话题：是能吃的玻尿酸更安全，还是能往脸上抹的玻尿酸更安全？

目前，国内玻尿酸食品市场还有待进一步开发，尚未出现头部品牌。在此赛道当中，众多企业面临的共同课题是：如何去引导市场和消费者？市场营销又该从哪方面去突破？食品赛道究竟是未来的蓝海市场，还是个"坑"？答案并不明朗。

3. 竞争态势：一哄而上，一片红海

从玻尿酸原料市场看，高速增长的原料市场给众多企业带来希望。全球玻尿酸市场分析和前景预测如图 3 所示。在市场前景向好的驱动下，越来越多的企业涌入玻尿酸赛道，市场竞争越来越激烈。

玻尿酸备受追捧，除了中国拥有核心技术和良好的市场前景之外，也源于玻尿酸的"暴利"。多家相关企业财报显示，玻尿酸业务毛利率平均为 70%~80%。因此，高利润也是吸引大批企业和资本蜂拥而至的重要因素。

此外，山东省政府非常重视化妆品产业发展，要求推进该产业集群化发展，以龙头企业为引领，以区域优势为发展，将来会在济南、青岛、威海、烟台等地发展化妆品的产业集群。因此，不少企业也想乘着政策的东风，进一步让自己的企业发展壮大。

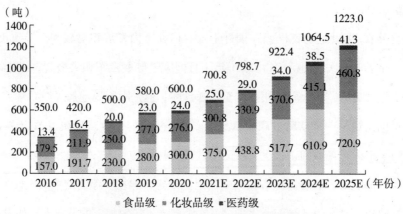

复合增长率	医药级	化妆品级	食品级	总体
2016~2020	15.7%	11.4%	17.6%	14.4%
2021E~2025E	13.4%	11.3%	17.8%	14.9%

图3 全球玻尿酸市场分析和前景预测

资料来源：http://static.sse.com.cn/disclosure/listedinfo/announcement/c/new/2022-03-11/688363_20220311_8_zqj8U2Y0.pdf.

然而，从原料市场来看，玻尿酸已然是一片红海市场，产能大于市场需求。激烈的市场竞争导致玻尿酸原料近10年内平均每年降幅在5%左右。实际上，由于先进入者已经建立起技术、资金和资质的先动优势和技术壁垒，新进入者难以在短期内形成规模效应。玻尿酸原料市场进入高度集中化阶段。即便如此，一些企业仍然挤破头也要往玻尿酸行业里钻。其实很多人对这个市场并不了解，只是觉得玻尿酸市场很热，盲目跟风。

福瑞达生物的财务总监张红阳说道："大家都在不停地扩张产能，现在的原料市场竞争已经非常白热化了，但是还有很多企业和资本涌入。我们的产能已占到全球的90%以上，而且也基本集中在山东，我们把这个行业已经做到全球第一了，那未来发展方向在哪？"

4. 大厂PK小厂：细节处见真章

玻尿酸的提炼方式以微生物发酵为主，如果微生物发酵的菌是高效菌株，那它产玻尿酸的量会比较多，低效菌株产玻尿酸的量比较少。

同是玻尿酸原料，大厂产的和小厂产的在品质上又有什么差别呢？大厂在玻尿酸分子量大小的精细化控制方面做得更好。微生物发酵所使用的菌种以链球菌、乳酸球菌类为主，菌种市面上都可以买到，但是大厂可以根据需要的产品精准控制分子量，需要它长成什么样的菌群，长成多大的尺寸，都可以在实验室中精准控制。

化妆品因为添加的玻尿酸核心成分不同，在皮肤不同层面发挥的功效就会有所差别。比如针对表皮层，更适宜添加大分子玻尿酸，因为它可以帮助形成弹性保湿膜，让水分不流失。针对皮下组织，选择小分子玻尿酸，则更能够深入细胞膜内深层保湿，修复肌底。大厂生产的玻尿酸可以针对不同皮肤层面进行精准护肤。如何将不同成分的玻尿酸进行有效结合，合理地进行配方设计，体现一家公司在玻尿酸应用上的科学化水平。

此外，在精制处理环节中，大企业在除杂提纯上做得更出色，成品的澄清度、黏稠度、密度、质量都会有更好的体现。比如，肤感上就会有很大差异，有的涂上会感觉非常滑腻，有的就感觉就像糊在皮肤上。尤其是对于注射剂来说，医用级透明质酸的价格之所以居高不下，就是因为它对菌的纯度要求非常高。

所以，大企业会得益于其完备的生产体系和流程控制，在这方面优势非常明显。福瑞达的技术副总裁杨素珍介绍说："我们福瑞达是用严谨的做药理念来做研发、生产的，经过20多年的发展积累了100多种评价方法，制定了1500多项内控标准，还直接参与了3项国家标准、5项地方标准，还有多项团体标准制定。

为什么说福瑞达要有那么多的内控标准？举个例子，国家或行业标准对于一个产品的P值会限定一个范围（比如4~8），在这个范围内的P值都是可以的，但是研究人员都知道4和8两个P值可能导致产品发生很大的改变。这样相对粗的标准很难控制产品的高质量和稳定性。所以福瑞达就要求自己的产品P值的浮动要控制在一个更小的范围内。我们都是先经过成千上万次的实验，确保能控制产品的高质量、稳定性。这些都是小厂望尘莫及的。"

三、三十年磨一剑：福瑞达玻尿酸的"家族生意"

1986年，凌沛学先生在山东省商业厅下拨的创业经费和厂房支持下，筹建了生物药物研究室，研究条件十分艰苦，启动了中国玻尿酸产业化的火车头。1991年，他创立了山东福瑞达医药集团。2018年，通过资产置换该集团成为上市公司鲁商发展的全资子公司。经过30多年的积淀，福瑞达已发展成为以生物医药和健康美业为双主业、产学研相结合、科工贸一体化的健康产业集团，是中国玻尿酸研发和应用技术的缔造者和领跑者。

1. 全产业链："六边形战士"，全域布局

福瑞达拥有行业领先的全产业链集群。旗下的六家子公司技术研究和产品生产的侧重点各有不同：例如，博士伦福瑞达主攻玻尿酸的制药领域，福瑞达生物股份负责化妆品领域，福瑞达生物科技深耕生物发酵技术的研究，焦点福瑞达负责玻尿酸等原料生产，具体业务分布见图4。

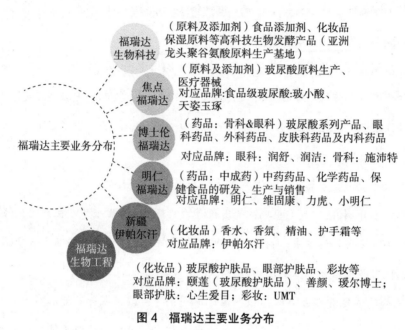

图4 福瑞达主要业务分布

资料来源：笔者自制。

2. 科技力：秉持"妆药同源"的研发体系

福瑞达拥有完善的研发创新体系与技术平台。该公司的技术依托于山东省药学科学院，建有各类国家、省级重点实验室、院士工作站等，与国内外知名高校、科研院所建立有长期稳定的合作关系，先后承担30余项国家、省部级重大科技专项，获194项专利授权，获4个国家科技进步奖项，玻尿酸研究开发水平国际领先。

福瑞达最初只是一家制药企业，后来进入化妆品行业，因此，它在化妆品产品上一直秉持着"妆药同源"的研发体系，将企业研发医药品的理念、生产标准、功效测试、品质管理等引入化妆品的研发与生产。杨素珍，福瑞达生物的技术副总裁介绍说：

"经常有人问我，药品与化妆品有什么不同和相同之处，用一句话来解释的话就是：药品是一个理性的产品，化妆品是一个感性的产品。相同之处，可能在于我们都要为消费者提供安

全有效的产品，都受国家药监局来监管。不同之处在于消费者、患者对于药品要求能治好病就行，至于这个药膏的使用感，是不是好闻，他不怎么关心。然后，对于化妆品的膏霜来说，第一它要好看，第二要好闻，第三还要好用，涂抹起来要清爽，要滋润，还要保湿等，所以消费者的关注点并不一样。"

3. 品牌力：多品牌矩阵协同作战

福瑞达集团致力于打造知名的企业和产品品牌矩阵，既在集团层面打造了业界知名的"福瑞达"企业品牌形象，同时又注重在不同细分领域打造品牌生态圈。例如在生物医药拥有润洁、施沛特、明仁等眼科和骨科领域知名品牌。在化妆品领域，福瑞达生物股份已经形成以颐莲、瑷尔博士、伊帕尔汗、善颜、UMT、诠润、贝润等品牌为代表的化妆品矩阵。

跟许多美妆品牌一样，福瑞达的化妆品业务也坚持多品牌运营。如果一个品牌同时呈现多种调性，很容易让消费者产生一种品牌定位不清晰、不专业的"错乱感"。除此之外，每个品牌背后都有围绕自己核心业务独特的品牌故事，讲好品牌故事也更容易让消费者产生认同感。以福瑞达的颐莲品牌为例，它讲述的就是如何围绕着玻尿酸，利用一以贯之的技术基因，在此基础上不断地挖掘、深耕，研发新产品，推动产品不断迭代升级的品牌故事。

基于此，福瑞达采取了"4+N"的品牌定位："4"是指颐莲、瑷尔博士、善颜、伊帕尔汗四大主力品牌及相对应的护肤技术赛道（见图5），"N"即福瑞达依托"妆药同源，科技美肤"的核心优势，还将涉及更多轻医美高端成分、名贵中草药护肤成分以及前沿的基因疗法等新兴护肤科技。

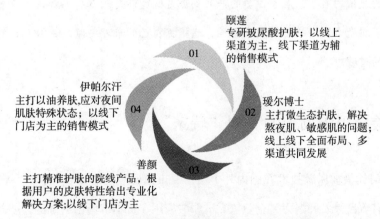

图5　福瑞达化妆品四大品牌及其主要销售模式

资料来源：笔者基于访谈资料编制。

福瑞达在深入研究国内外化妆品市场后，发现化妆品企业竞争有规律可循。企业一开始比拼的都是广告、渠道，慢慢发展到一定程度之后，企业竞争的焦点转为化妆品的功效。比如同样是加有某成分，有的企业加的量少，而有的企业加的量多，体现的功效就不同。高春明，福瑞达生物股份有限公司总经理举了一个例子：

"2002年我们做颐莲的时候，那个时候玻尿酸的原料价格远没有现在便宜，我们福瑞达是第一个把玻尿酸足斤足两地加到颐莲化妆品中的，别人的添加量是万分之几、千分之几，我们加到0.5%~1%，基本上满额加的。这也是在行业中人都知道福瑞达的玻尿酸好的一个重要原因。"

依据福瑞达的判断，从长远来看企业最终要比拼的核心还是品牌。企业发展过程中，掌握终端产品技术、严控制造品质才是硬道理。对于品牌的塑造，更需要漫长的时间，因此福瑞达并不盲目跟风，一直保持着"小火慢熬，小步快跑"的战略定力。

例如，当前市场上很流行一种"头部达人"直播带货的模式，这种方式可能短期销量有所提高，但"头部"主播收费高，一旦停止与主播的合作销量马上就会降低，往往是"赔本赚吆喝"，最重要的是沉淀不了品牌。因此，福瑞达并不急于走直播带货模式，则是靠稳定的老客户去做品牌导入，将消费者真实反馈做研发参考，一步步地实现对产品的改善和优化升级。张红阳总监分析说：

"可能有时候确实大网红带货价值千万元的产品一晚上就卖出去了，但是我们靠自己团队慢慢卖，可能得卖一个月才能达到上千万元，两者确实是有差距的。但是，找大网红带货消费者更容易记住的是他的名字，至于他卖的产品到底是颐莲还是润百颜品牌，消费者并不一定能记清楚。我们不想受市场中的一些因素影响，想根据自己的节奏去做，去做自己的品牌，所以我们还在努力的过程中。"

四、玻尿酸应用市场上的主要"玩家"

有四家公司凭借玻尿酸技术在国内外上市，总市值已经超过2000亿元。从发展趋势看，玻尿酸的应用有着巨大发展潜力，企业依靠玻尿酸应用在资本市场创出奇迹，玻尿酸产业的主要"玩家"有：

1. 华熙生物

华熙生物成立于 2000 年，前身为山东福瑞达生物化工有限公司。与福瑞达相同，华熙生物在原料拓展、医疗终端、功能性护肤品和食品业务均有涉足。2021 年护肤品销售收入 33.20 亿元，同比增长 146.57%[①]。华熙生物也建立了四大品牌矩阵并进行差异化定位：润百颜主打玻尿酸核心科技，夸迪主打冻龄抗初老，肌活（Bio—MSEO）专注于专业护肤，米蓓尔针对敏感肌人群量肤定制产品。

2001 年，华熙生物和福瑞达还是一家企业，名为山东华熙福瑞达生物医药有限公司。华熙生物负责玻尿酸原料生产，福瑞达负责产品端开发。2018 年，华熙生物和福瑞达正式分家，因此两家的技术、产品、品牌、产业链都比较相似。

在板块划分上，华熙生物主要业务单元都在同一家公司，福瑞达则是根据业务领域差异建立了不同的子公司。两种方式各有利弊，比如在资源投入有限的情况下，每个子公司都想盈利，可能就会影响整体的发展。只有一个公司的话，业务成绩都体现在同一张年报上，哪个板块发展得好就把资源投入到这个板块上，但是业务不容易聚焦，弱势板块发展起来相对困难。

2. 昊海生科

昊海生物科技（以下简称昊海生科）是一家专注于医用生物材料的高科技生物医药企业，也是国内首家"H+ 科创板"生物医药企业。该公司的产品线主要集中于医疗和医美领域，深入三大场景（包括医美机构、生活和家用美容），满足消费者的不同需求，目前已基本完成了眼科、医美、骨科、外科四个领域的全链布局。

3. 爱美客

爱美客是国内生物医用软组织材料创新型的领先企业，已成功实现玻尿酸填充剂系列产品及面部埋植线的产业化，其产品路线主要集中于售卖医美终端产品（玻尿酸、肉毒素、童颜针等）。

爱美客是国内首家获批生产玻尿酸Ⅲ类医疗器械证书的企业，通过自主研发和创新，在医

---

① http://static.sse.com.cn/disclosure/listedinfo/announcement/c/new/2022-03-11/688363_202203 11_8_zqj8U2Y0.pdf.

美领域建立了深厚的技术积累。其注射类玻尿酸产品在医美行业中占据领先地位。除福瑞达是国有企业外，另外三家玻尿酸上市公司都是民营企业。三家公司财务情况见图6和图7。

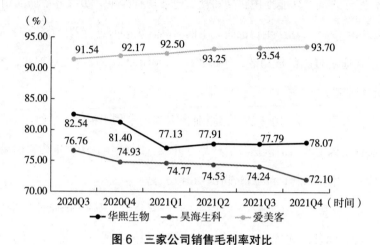

图6 三家公司销售毛利率对比

资料来源：笔者根据各公司财报绘制。

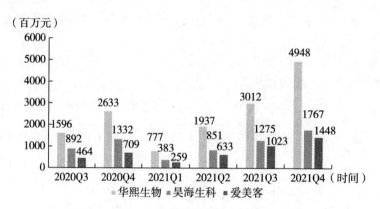

图7 三家公司营业收入对比

资料来源：笔者根据各公司财报绘制。

2021年，福瑞达化妆品板块营业收入实现14.95亿元，同比增长117.01%；毛利率为63.68%，同比增长4.54%[①]。除此之外，福瑞达在生物医药、原料及添加剂业务板块均实现同比增长（见表1）。

[①] 鲁商发展2021年年报［EB/OL］. http://static.sse.com.cn/disclosure/listedinfo/announcement/c/new/2022-04-15/600223_20220415_23_kmI1n3hu.pdf.

表1　2021年福瑞达财务数据

单位：元

主营业务分行业情况						
分行业	营业收入	营业成本	毛利率（%）	营业收入比上年增减(%)	营业成本比上年增减（%）	毛利率比上年增减（%）
房地产业务	9695558429.71	8026036938.45	17.22	−18.40	−20.56	增加2.25个百分点
化妆品	1494934492.81	542941423.91	63.68	117.01	92.89	增加4.54个百分点
生物医药	540853407.73	227910036.17	57.86	8.71	19.45	减少3.79个百分点
原料及添加剂	241014422.73	151509469.16	37.14	21.96	43.77	减少9.54个百分点

资料来源：鲁商发展2021年年报［EB/OL］. http://static.sse.com.cn/disclosure/listedinfo/announcement/c/new/2022−04−15/600223_20220415_23_kmI1n3hu.pdf.

2021年12月，山东福瑞达生物股份有限公司引入战略投资者，腾讯创业、招商局、新旧动能基金等五家行业巨头与福瑞生物达签约，增资7.38亿元参与后者混合所有制改革。其中，腾讯投资3.51亿元，成为福瑞达生物的第二大股东。

五、福瑞达面临的困局

在这个"群雄逐鹿"的玻尿酸市场，福瑞达凭借其先发优势以及深厚的技术积累，已经成为行业翘楚。虽然激烈的市场竞争也给福瑞达造成不小的挑战，但是市场上也涌现出很多新发展机遇。福瑞达需仔细考量各方面的因素，权衡利弊，快速找到最佳的应对之策。

1. 玻尿酸作为原料的考量

现有的玻尿酸发酵技术已经非常成熟，未来想要实现大幅降低成本，或更大程度地满足消费者对于功能性化妆品需求，只能等下一个技术窗口的出现。福瑞达研发团队一方面需要不断探索研究新的革命性的技术，在下一代技术风口起来的时候继续引领行业发展。另一方面研发团队还需要不断研究创新性原料，比如深耕衍生物研究，尝试将更多样的原料叠加使用，以满足 C 端消费者与日俱增的需求。

在消费者对原料功能性和功效性认知能力增强，品牌端竞争逐步升级的大背景下，在化妆品产业链竞争上，原料研发成为关键要素，原料端的产业链价值也因此放大[①]。

2. 医药级玻尿酸的考量

近年来中国医美市场发展很快，未来发展潜力充足。目前中国医美市场以非手术类为主要消费市场，其中玻尿酸被广泛应用于非手术类最重要的针剂注射及皮肤管理领域。

随着大众对玻尿酸接受度的提升，预计医药级玻尿酸的原料和产品应用市场在未来五年内会实现快速增长[②]。在这个领域当中，龙头企业爱美客研发实力强劲[③]，福瑞达要想在这个领域取得快速突破并不容易。

3. 化妆品级玻尿酸的考量

对于国产化妆品，面临着产品原创力不足等困难，一度被冠以大牌平替的标签，缺乏国际知名的化妆品高端品牌。

随着国家一系列新政策的出台，化妆品市场的监管日趋严格，违规的化妆品企业将逐步被淘汰，没有产研核心技术的企业也会逐渐失去生存空间。拥有科技硬实力的化妆品企业可借国家利好政策，顺风而上。

电商平台、社交媒体、大数据营销的蓬勃发展为企业提供了精准触达用户的机会，同时也增加了丰富多元的展现企业品牌的渠道和方式，降低了新建品牌的门槛。国货新锐品牌借此机会不断涌现，塑造更受年轻人喜爱的品牌形象。

受全球新冠疫情影响，2020 年后中国对化妆品的进口管控更加严格，海外的化妆品进入中国市场难度加大，这也加快了国货品牌的崛起速度。中国企业也迎来打造本土化妆品大牌的最佳时机。

然而，国货化妆品企业普遍面临着打造品牌力的现实困境。许多国货品牌仅是昙花一现。

① 中信证券研究部 . 美妆及商业行业化妆品原料专题［R］. 中信证券，2022.

② https://www.chinairn.com/news/20220325/120206857.shtmol.

③ https://pdf.dfcfw.com/pdf/H2_AN2022030715511181922_1.pdf.

相较于国际知名化妆品品牌，国货化妆品在产品原创力、成熟的工艺、稳定的质量、丰富的品牌矩阵、品牌故事以及深厚的品牌沉淀方面，还存有较大差距。越来越多的企业开始重视自主创新，沉下心来打磨和研发具有自主知识产权的产品。

现在的玻尿酸市场还处于从渠道到功效的过渡阶段，很多企业不惜花费天价打营销战，通常却是"事倍功半"。在与一些平台方的合作中，品牌方的话语权越来越低，流量成本不断攀升，平台监管越来越严格，品牌方宣传行动比较受限。因此这也导致许多企业营收高但利润低。然而，很多品牌依然乐此不疲地参与这种无序竞争，盲目"内卷"，导致了一定程度的行业混乱，真正有强研发实力的企业反而难以出头。

福瑞达采取的"4+N"多品牌运营策略有利有弊。好处在于可以更加精准定位品牌调性和其目标客群，但是在不同品牌的资源匹配上可能无法做到"一碗水端平"。随着各品牌产品种类的日益增多，如何处理好不同品牌之间的"赛马""协同"机制并不轻松。虽然福瑞达在玻尿酸行业中很知名，但是旗下多个化妆品品牌还没达到家喻户晓的水平，每个品牌如果得到集团投入的资源不足，可能会错过品牌高速成长的阶段。

4. 食品级玻尿酸的考量

在食品玻尿酸的赛道上，虽然焦点福瑞达已经推出了"天姿玉琢""玻小酸"等口服玻尿酸产品品牌，但是消费者对玻尿酸食品的认知比较陌生，这是目前对功能性食品市场最大的障碍。消费者对于这样一个新兴品类，会质疑它的功效，比如玻尿酸是否能喝进皮肤表层、喝进去的玻尿酸功效是否会有折扣等问题。另外，玻尿酸食品的宣传上乱象丛生。网络营销宣传存在夸大嫌疑，某直播间宣传每天喝1~2瓶，相当于全身敷129片补水面膜、全身注射30支水光针[①]，消费者很容易被误导。消费者充分了解产品不仅需要很长的时间，还需要投入大笔的资金和人员成本。

如果食品玻尿酸市场拓展不及预期，可能将会对福瑞达业绩增长造成不利影响。玻尿酸食品价格不低，而且需要长期食用才能见效，即使消费者出于好奇而购买，也会因为价格贵且短期内看不到疗效而失去复购的动力。前景尚不明朗的食品赛道值得福瑞达重点布局吗？

---

① https://baijiahao.baidu.com/s?id=17009610609l5644579&wfr=spider&for=pc.

在烽烟四起的玻尿酸市场，如果您是福瑞达的掌舵人，您觉得福瑞达在玻尿酸行业未来的出路会在哪里？哪些领域值得投，哪些领域不值得投？该采取哪些竞争策略才能占领市场，"笑傲"玻尿酸"江湖"？

启发思考题：

1. 我国玻尿酸行业的竞争环境怎么样？玻尿酸原料和三个细分市场分别有什么特点？福瑞达面临哪些机会、威胁？

2. 福瑞达相比竞争对手有哪些优势、劣势？这些资源和能力可以让其赢得竞争优势吗？

3. 考虑玻尿酸产业所处的生命周期阶段，福瑞达未来应该采取什么样的战略以保持领先地位？

回归初心：

北控水务战略迭代升级之路 ①

摘要： 案例描述了北控水务集团随着企业规模的快速扩张，市场份额的不断增大，在内部管理与外部竞争的双重压力下，集团制定了五年内企业由"强大"到"伟大"的长期目标，围绕着组织从"强大"到"伟大"推进进程，采取了一系列的战略变革。从最初的"资本驱动、规模第一"到"资本＋技术双轮驱动"，从 2015 年实施的"两主多专"到 2018 年的"双平台战略"促进轻资产转型、从 2019 年的"资本＋技术＋人才＋数据"到 2020 年"客户为源"的回归改革初心。虽然改革之路困难重重，但改革创新始终作为最强大的动力引擎，推动着北控水务这一巨大的邮轮奋勇航行，企业从大到强，直至行业领军的升级蜕变。

关键词： 北控水务；战略迭代；创新改革

Return to Original Intentions: The Road of Stratrgic Iteration for Beijing Enterprises Water Group

Abstract: The case describes that with the rapid expansion of the enterprise scale and the increasing market share of Beijing Enterprises Water Group(BEWG), under the dual pressure of internal management and external competition, the group has formulated the long-term goal of "strong" to "great" within 5 years. In the developing process from "strong" to "great", a series of strategic changes have been adopted. From the initial "capital driven, scale first" to "capital + technology dual-wheel drive", from the implementation of "two major and multiple specialized"

---

① 本案例由聊城大学商学院（质量学院）马斌副教授、2020 级 MBA 学生尹淑强共同撰写。本案例系聊城大学校级专业学位研究生教学案例库建设项目"MBA 市场营销课程案例库建设"成果，同时受到聊城大学商学院（质量学院）揭榜挂帅团队立项项目资助。由于企业保密的要求，在本案例中对有关名称、数据等做了必要的掩饰性处理。本案例只供课堂讨论之用，并无意暗示或说明某种管理行为是否有效。

in 2015 to the "dual platform strategy" in 2018 to promote the asset-light transformation, from "capital + technology + talent + data" in 2019 to the "customer-oriented" return to the original intention of reform in 2020. Although there are many difficulties on the road of reform, reform and innovation have always been the most powerful driving force, driving the great cruise ship of BEWG to sail bravely, upgrate and transform from big scale to strongness, and eventually to the industry leader.

Keywords: Beijing Enterprises Water Group; Strategic Iteration; Innovation and Reform

案例正文：

回归初心：北控水务战略迭代升级之路

引言

2008 年重组北控水务时，于建国是北京控股派驻的核心人员之一，肩负着打江山的使命。11 年来，他见证了北控水务从无到有，从行业新人到行业领军的全过程。因突出的工作贡献，2016 年于建国升职为集团常务副总裁，是集团几大副总裁中最年轻的一个。2019 年年终总结大会上，集团董事会任命于建国为北控水务集团新一任轮值执行总裁。于建国总裁就肩负起了掌舵北控水务这个全国最大、全球前三的水务巨头的使命。上任以后，2019 年于建国总裁筹集整个集团资源，踏着前辈的深化改革之路，下大力气推进集团战略转型，提出了全面创新战略——"资本＋技术＋人才＋数据"的轻资产运营模式。这一战略全面推进以来，公司的发展稳中向好，虽然规模增长变缓，但是盈利能力逐步增长，负债率也随之下降。在 2020 年 1月的年度会议上，于建国总裁准备宣布一项重大的变革，希望此项改革能够作为二次引擎，推动集团发展再上新的台阶。

一、公司的发展及现状

1. 公司的背景

北控水务集团母公司北京控股集团隶属于北京市国资委，是中国最大的公用事业企业，地跨境内外市场，兼具实业经营和资本运营，旗下 13 家上市公司（11 家港股＋2 家 A 股）。北控水务集团是北控集团旗下专注于水资源循环利用和水生态环境保护事业的旗舰企业。作为一家综合性、全产业链、领先的专业化水务环境综合服务商，北控水务集产业投资、设计、建设、运营、技术服务与资本运作为一体。2008 年在香港主板上市，水处理规模、总资产、总收入位居国内行业首位，已入选香港恒生中资指数成份股、摩根士丹利资本国际指数等重要国际成份股。

2. 公司的发展历程

2008 年北控水务集团与优秀民营环保企业中科成完成重组，并在香港主板上市，股票代码 HK00371，从第一个污水处理厂出发，在强大的国资背景下，业务逐渐拓展至全国 30 余个省市。2009 年积极响应"走出去"的国家战略，签约马来西亚政府，建设马来西亚最大污水厂——潘岱第二地下污水厂。自 2010 年开始，连续十年荣登"中国水业十大影响力企业"榜首，并签约集团最大单体项目深圳横岭污水处理项目特许经营协议。2011 年集团与清华大学合作成立"清华大学—北控水务集团环境产业联合研究院"，同年开始探索海水淡化领域，投产的海水淡化项目被国家发改委列为"海水淡化重点示范项目"。2012 年在北京建设的首座以"地下污水厂＋地上园林景观公园"为标志性设计理念的全地下式再生水厂（海淀稻香湖地下水厂），为北方首个此类型水厂；同年开启与境外大型金融机构合作模式，并与国家开发银行海内外各级分行建立全面合作关系。2013 年开始进军水环境综合治理领域，开辟国内流域综合治理先河，同时并购法国威立雅环境集团、葡萄牙水务公司下属的两家全资子公司 100% 股权，成为中资水务企业成功收购海外著名水务公司的先行者，2013 年也被称为北控水务野蛮生长年。2014 年进军新加坡市场，陆续签约项目成为新加坡首个由国外企业涉足并主导的 PPP 市政项目，同年根据国家对三沙的战略，入驻三沙市，解决驻岛官民的饮水问题。2015 年进军环境卫生、固体废弃物、危险废物处理项目，成立北控清洁能源公司涉足光伏业务，并于同年在香港主板上市。2016 年成功入选《财富》中国企业 500 强，并连续五年荣登，排名逐渐上升。2017 年涉足农业污染及管网，成为国内最大的农污治理企业，同年发布生态战略，向生态型企业转型，构筑共赢的生态环保体系，提升公司综合性项目的服务能力。

2018 年初次提出双平台发展战略，为轻资产转型提供强有力的基础，并成立中国生态环境产教联盟，发布《北控水务集团战略蓝图与产教联盟行动纲要》，为中国环保行业储备高素质高技能人才。2019 年发布全面创新战略，为资本、技术、人才、数据四核驱动提供创新动力，牵手三峡集团共筑长江生态大保护。同年进军非洲市场，为非洲人民提供洁净水源。2020 年全面加快数字化转型，制定蓝图与实施方案，加强数字化能力建设。下辖两家子公司北控城市资源和金科环保成功登陆港股主板和上交所资本市场，同年入选教育部全国第四批"1+X"证书试点名单，获批自主开展污水处理工工种职业技能等级认定资质。

截至 2020 年 12 月，水处理规模 4300 万吨 / 日，总资产达 1744 亿元，营业收入 254 亿元，位居国内同行业第一，服务全球9个国家及超100个城市，员工总数超过2万名。

3. 公司组织机构

北控水务集团组织结构如图1所示。

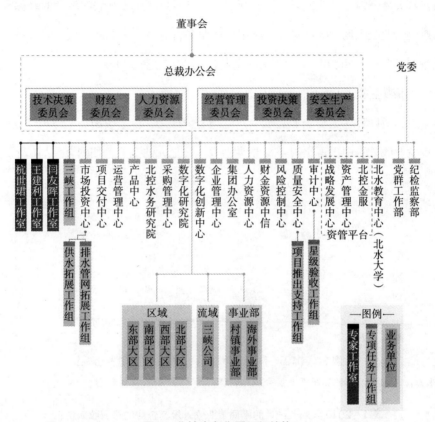

图1　北控水务集团组织结构

资料来源：由北控水务集团提供。

4. 北控水务的企业文化

（1）崇高使命：守护生命之源，创造绿色环境。

（2）郑重承诺：政府放心、市民满意、企业盈利、员工受益、伙伴共赢。

（3）核心价值观：有担当、有价值、有分享。

（4）战略目标：领先的专业化水务环境综合服务商。

（5）美好愿景：水长清、业长青。

二、行业背景

1. 行业发展概述

环保产业是指在国民经济结构中，以防治污染环境、改善生态环境、保护自然资源为目的而进行的技术产品开发、商业流通、资源利用、信息服务、工程承包等活动的总称。2019 年，全国环保产业营业收入约 17800 亿元，其中环境服务营业收入 11200 亿元。通过对全国 11229 家样本企业进行分析，2019 年统计范围内企业营业收入总额 16046 亿元，营业利润总额 1496 亿元，其中环保营业收入 9864 亿元，占比近 62%。

总体来看，我国环保大型企业数量少，但产出贡献大。根据中国环境保护产业协会统计：80% 的产业营业收入集中于占比约 10% 的营业收入过亿元的企业，如图 2、表 1 所示：

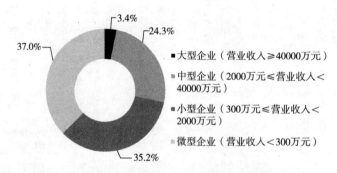

- ■ 大型企业（营业收入≥40000万元）
- ■ 中型企业（2000万元≤营业收入<40000万元）
- ■ 小型企业（300万元≤营业收入<2000万元）
- ■ 微型企业（营业收入<300万元）

图 2　2019 年列入统计的不同规模企业数量占比

资料来源：来自中国环境保护产业协会统计数据。

表 1　2019 年列入统计的不同营业收入规模企业的营业收入情况

营业收入	本年统计企业单位数		营业收入		环保业务营业收入		环保业务营收比重（%）
	数值(个)	占比（%）	数值（亿元）	占比（%）	数值（亿元）	占比（%）	
营业收入≥100 亿元	23	0.2	6825.2	42.5	3009.7	30.5	44.1
50 亿元≤营业收入<100 亿元	32	0.3	2163.7	13.5	1167.7	11.8	54.0
10 亿元≤营业收入<50 亿元	144	1.3	3259.7	20.3	2260.4	22.9	69.3
5 亿元≤营业收入<10 亿元	119	1.1	859.4	5.4	745.8	7.6	86.8
1 亿元≤营业收入<5 亿元	774	6.9	1656.0	10.3	1457.7	14.8	88.0
5000 万元≤营业收入<1 亿元	695	6.2	492.2	3.1	460.0	4.7	93.5
2000 万元≤营业收入<5000 万元	1326	11.8	413.3	2.6	393.2	4.0	95.1
营业收入<2000 万元	8116	72.3	376.6	2.3	370.0	3.8	98.2
总计	11229	100.0	16046.1	100.0	9864.4	100.0	61.5

资料来源：来自中国环境保护产业协会统计数据。

通过对近 4 年的样本企业数据数据分析，企业的总营业收入、环保业务营业收入均逐年增长，但增幅基本呈逐年收窄趋势，同时伴随着营业企业数量的增加，企业的盈利能力在减弱，2017 年行业企业净资产收益率平均值为 13.3%，2019 年降低至 10.5%。标志着企业营运能力的总资产周转率也由 2017 年的 0.55 次降低至 2019 年的 0.5 次，企业的营运能力亟待提高。

同时，伴随着法律制度的完善，监管部门的健全、环保督察的常态化、环境标准的提升，环保投资市场的释放空间空前巨大。根据 E20 环境平台提供数据显示，全社会环保投资额成倍数增长，环境污染治理投资保持着近 20% 的年增长速率，"十二五"期间环境污染治理投资总额达 4.44 万亿元，"十三五"期间更是达到 13 万亿元，是"十二五"期间的三倍以上，可以预计的是"十四五"期间，环境污染治理投资总额将达到 20 万亿元以上，而且环境治理需求在上移，逐渐进入效果时代，交易结构正在发生变化，产业整合的机会已经到来。

2. 行业竞争格局

伴随着产业规模的提升，产业整合力度的加大，环保企业入门门槛将随之提高，根据 E20 环境研究院预测，截至 2019 年存量的近 5 万家环境企业，将有 80% 的企业被淘汰或面临亏损经营。未来，行业将逐渐形成四大方阵格局。

第一方阵为资产规模千亿元以上的重资产环境集团，龙头央企向环境基础设施转型，涉足市场，例如长江环保、光大环境、中建、中信、中节能等，此类企业具有强大的顶层结构设计能力、集成能力、资本实力、资源关系以及品牌影响力，是北控水务未来的主要竞争对手。

第二方阵为大型的地方性国有企业，当地国资委控股，例如北京排水、上海城投、深圳水务等，此类企业具有较高的政策水平，紧密的地方政府关系，相对专业的运营管理能力和一定的商业模式设计水平，是北控水务"亦敌亦友"的竞争对手，敌在竞争，友在并购或合作。

第三方阵为中小板及创业板上市的民营企业，如康达环保、碧水源、东方园林等，其核心竞争力为较强的技术创新能力、强大的企业家精神、合理的商业模式及完整的治理机构，是北控水务将来主要的合作或并购对象。

第四方阵为装备、材料生产制造商领跑企业，是北控水务的主要合作供应商。

总之，北控水务未来想要继续扩大规模，成长为万亿级别的超级航母将要面临巨大的困难，前有龙头央企重组后的紧追不舍、后有地方性国有企业的拦路堵截，再加上优秀民营企业对市场的步步蚕食，促使北控水务不断地进行商业模式创新，以及业务战略拓宽与延伸，搭建生态系统，迭代突破，持续领跑行业。

三、领跑者的战略迭代

1. 资本驱动规模

2007 年，我国人均水资源量不足世界平均水平的 1/4，属于水资源缺乏的国家之一。当时，城市的污水处理率为 70%，县城污水处理率则仅有 30%。而发达国家污水处理率为 90% 左右，存在巨大差距。同时我国出现大量如城镇供水管网覆盖密度较低、欠发达小城市供水难、对农业用水浪费严重等问题。当时的水务行业亟待发展。2007 年北京控股拥有与水务相关的资产仅为一家水源厂。面对当时发展欠缺的水务行业，北京控股选择快速把握住这一机遇。与自建扩张相比，收购行业内已有成熟企业具有扩张速度快以及可获得资金、技术、管理经验等协同效应的优势。

在此背景下，北京控股与当时行业第八大污水处理企业的中科成环保集团达成收购协议，成为公司第一大股东，并将其更名为北控水务集团，然后北控水务作价 13.71 亿港元收购中科成 88.43% 股权。北控水务顺利完成混合所有制改革，正式迈进水务行业。这一收购使北控水务不仅迅速拥有大量水务实体资产，而且可充分利用中科成原管理层在水务行业多年丰富的管理经验和领先的技术优势等无形资产。除此之外，北控水务母公司北京控股拥有在香港上市 11 余年的资本运作经验，以及作为北京市国资委旗下的国有企业拥有较好的政府亲和度，这些均为北控水务未来持续性的巨额融资需求提供了融资便利，同时也奠定了较为良好的行业地位，从而为公司未来的快速发展奠定了坚实的制度和组织基础。

收购中科成之后，北控水务为了扩大企业规模，提升企业竞争力，面临着两条发展路径。其一通过自身现有的资产，积极承建各地政府的项目，以稳健的速度逐步扩张；其二则是利用自身资本运作经验和资金优势，采取与收购中科成相近的方式，直接并购国内已经成熟的水厂，迅速扩大自身规模。对于采取直接收购成熟企业的发展路径，从内外分析皆为适宜的发展策略。从内部来看，北控水务拥有获得进行大规模融资并购所需资本的条件以及成功运营被并购企业的实力。基于母公司北京控股具有国企背景，市场对其信任度高，再加上拥有丰富的资本运作经验和实力，公司如若对外进行融资，有能力融得大量成本较低的资本，融资成本优势非常明显。此外北控水务管理层具备丰富管理经营，企业污水处理能力领先，并购后可以通过技术输出和经验运用提高被并购企业的业绩水平。从外部环境来看，当时我国的水务行业属于一个极度分散行业，大多数水厂之间的运营缺乏合作，规模普遍较小。公司进行并购行为，一般不会出现其他竞争者发起恶性竞争。此时的并购成功率较高。因此，北控水务最终采取了后一种发展战略进行快速发展。从 2008 年起的五年内，北控水务成功并购国内外数家供水厂和污水处理厂。

从追随者到领跑者，北控水务仅仅用了五年。2008 年北控水务重组进军水环境市场，市场上既有国内首创股份、深圳水务、中国水务这样的老牌大型国企，又有威立雅水务、中法水务这样的中外合资企业，初入市场的北控水务在"资本驱动、规模第一"的战略引导下，稳步增长。到 2013 年，北控水务已经成为行业资产规模、处理规模第一的领军者。

2013 年，北控水务仅一年完成投资过亿元的增量项目超过 100 个，一举建立"野蛮生长年"。截至 2013 年底，公司共拥有 452 家水厂，实际水处理能力达 1648 万吨／日，高居全球榜首。在过去是追随者，追随者不需要太多的前瞻性思考，只要跟进领路人的步伐。后来成为领跑者，领跑者的前面是无人区，需要探索、尝试，更需要创新驱动。伴随着资本拉动的模式已经不能满足公司未来发展的需求，战略创新势在必行。

2. "资本＋技术"双轮驱动

战略，既需要定力，又需要审时度势进行迭代更新，一旦确定，就要形成"一个目标，一个声音"，执行上要"稳、准、狠"，不左右摆动。2015 年之前集团的战略逻辑一直是资本占据主导地位，战略目标是规模、是品牌。

过去北控水务之所以选择重资产模式，一是由于过去多元的环保业务结构尚未形成，单独售卖环保产品则难以获得大量订单，因此环保企业为了获取订单往往会承接环保工程项目，在项目中使用自己的产品。二是由于近年来多项环保政策的出台刺激了环保治理需求，以及 PPP 模式的引入短期解决了环保企业资产负债表的限制，使环保行业订单激增。然而环保工程项目往往需要大量的资金，并且融资过程中金融机构通常要求严格的增信措施，这就进一步导致北控水务等环保企业选择重资产的发展路径，通过扩大企业内部固定资产的投入和规模，为业务滚动开发有效的增信能力。三是市场监管机制尚不完善，部分环保企业为了获取项目采用了低价恶性投标的行为，使行业内存在不关注质量而以数量取胜的情况。

在北控水务持续的资本驱动规模进行大量并购后，企业在企业管理、文化和业务等层面应进行系统的整合，重构业务流程、优化资产质量与结构、提高生产经营效率、有机统一企业文化等，促进达成协同效应。企业不能仅注重增量和利润，存量的各项指标也要提升。由于这些被并购企业的运营规模、进出水水质、管理程度、工艺水平以及设备状况等水平不一，对企业整体运营管理能力提出更高的要求。企业所有水厂全部由北控水务独立运营，要始终保持项目目标可控及在控，非常考验企业的运营能力。北控水务在高效、高质的运营要求下，暴露出运营能力有待提升的问题。北控水务还存在大企业运转效率低下的问题，例如北控水务旗下北控（大石桥）水务发展有限公司曾因为进水超标导致出水超标，导致大量工业废水进入市政主管网，对生化系统造成严重冲击。同时随着环保督察的力度持续强化，督察方法不断创新，加强卫星遥感、红外识别、无人机、大数据等技术应用，环境治理越发强调治理效果，这对项目的运营能力要求逐步提高。PPP 政策收紧，也带给北控水务提升运营能力的压力，进而导致了北控水务等企业忽视技术和研发等环节的投入。

因此，在资本优势的基础上，需充分发挥技术优势，技术要为运营服务，运营要为品牌服务。在技术赋能上，为产品画像，将水产分为标准水厂和标杆水厂，以提升最终产品质量为目标，引领技术服务路径（包括标准化、创新等举措）。北控水务集团还通过举办"互联网＋"水务环境创新创业大赛的形式，集合环境行业最有活力和创造力的创新资源。在运营技术上，北控水务探索智慧运营管理，推行"星级水厂"建设、智慧化建设和运营队伍能力提升，全面提升运营能力。加快智慧水务建设，打造"智慧大脑"，通过创新智慧水务的运营管理模式引领行业发展。北控水务不仅注重高端技术开发，同时重视传统应用研究。公司在集团技术体系发展中提出了七个度量标准：第一是以拥有自主知识产权的核心技术为代表的技术成果；第二是以国家标准、重大科研项目、科技奖项为代表的技术成就；第三是以研发引进、技术业务、提质增效、标准建设、智慧化为主线的技术能力；第四是以国家级工程中心和实验室为代表的技术平台；第五是具有技术领军人物及合理规模、结构的技术团队；第六是具有与营收水平和行业地位相匹配的科技投入；第七是体现在高水平服务、标杆项目、营收占比、技术溢价等方面的科技贡献。此外，北控水务还多次并购高科技企业，以此获得技术优势。

目前技术驱动已为北控水务带来了一系列的益处。北控水成立的"数字化研究院",在东莞大岭山水厂应用"智慧水务""分布式光伏"节省了 1/3 的人力成本和部分综合成本。同时研发了"虫脸识别"系统,应用成熟可以实现"智慧化",除去人工检验的成本。此外北控水务成立的"集中采购中心",降低采购及运营成本,使水环境治理建造板块毛利率较上年同期大幅上涨11%;另外公司还从荷兰 DHV 公司获得好氧颗粒活性污泥法的 10 年独家授权,该技术可节省30%~50% 的运营成本,节省 3/4 左右的用地,这意味着公司未来建设新项目可以用更少的土地,这对地方政府具有很大的吸引力。"资本＋技术"双轮驱动的模式继续引领企业高速增长,北控水务连续多年入选我国水务行业十大影响力企业第一名,北控水务获得越来越多高质商业合作伙伴。北控水务身为内陆水务行业龙头,获得众多行业企业的认可。

3. "两主多专"相关多元化

2015~2017 年,在国家战略的指引下,行业标准不断地提升,释放了大量的市场,从"两山论"到"三大污染攻坚战",从"河长制"到"全面生态文明建设",北控水务在不断扩大技术和资本优势的基础上,重新评估自身的优势和劣势,同阶段面对央企的大举进入局势,在项目规模增大、内容复杂、质量要求增高、融资压力大、资源整合难度大、运营能力要求提高、市场竞争加剧、利润空间压缩、资金和技术优势不再明显的前提下,重点关注质量和治理效果,制定出更契合当下形势发展的战略。北控水务过去实施的资本模式强调的是通过资本推动业务迅速发展,以拓展本企业业务。然而近年来我国环保行业的外部环境发生了巨大变化,传统的重资产模式已不能很好地适应环境。我国对环境治理质量要求逐年抬高,提质增效成为环保行业的总体要求。近年来我国推出了一系列环保产业的相关政策,特别"大气十条""水十条""土十条"(以下简称三个"十条")等政策的落地有效推动了环保行业的发展,带来了数万亿元的环境治理方面的投资需求,同时也对环保产业提出了更高的要求。国家为了保障三个"十条"、蓝天保卫战等政策目标的顺利实现,环保督察力度不断增强,并且这些政策本身亦提高了环境治理要求和环保行业的技术支撑能力要求。北控水务并购行为呈现着大部分并购企业同质化的问题,并购企业的主营业务主要集中在污水处理领域,多元化并购特征尚不明显,且相关企业的技术研发属性不强,与当前环保行业倡导的提质增效并不吻合。因此,北控水务在频繁并购后应当考虑优化存量资产而非继续粗放式扩张,从企业文化、运营、技术等角度对并购后的资源进行系统整合优化。

同时，经过十年的快速扩张，成长为国内行业龙头后，与竞争对手相比，公司不仅在规模上远超对手，盈利能力也处于行业一流。2016年，北控水务的水处理能力、盈利能力均高于首创股份、上实环境等竞争对手。但由于前期激进的扩张，公司资产负债率逐渐上升，流动比率下降、财务压力增加、毛利率下降等问题逐渐显现；此外，我国的水务行业经过这十余年的快速发展，也已经逐渐走向成熟。2015年，我国的城市污水处理率已经达到90%，县城污水处理率也达到85%，城镇污水处理能力初步满足需求。但当下存在污水排放标准偏低问题，政府监管加强，不断完善的行业规范和标准将成为政府对于水务行业监控的主要工作之一，随着排污标准的提高，水务企业提标增效技术转型升级压力加大，目前水务行业集中度低，部分缺乏专业技术和运营效率低的地方。水务企业面临技术升级与运营管控能力的考验，成本、利润压力增大，甚至可能面临被并购的风险。

因此北控水务又提出"2+3+3"业务格局（见图3），以实现相关多元化战略，两主多专的战略应势而生，即继续做大做强城镇水务和水环境治理两大核心主业，着重布局水务环保全产业链，围绕资源优势领域积极探索新的商业模式，寻求新的利润增长点。

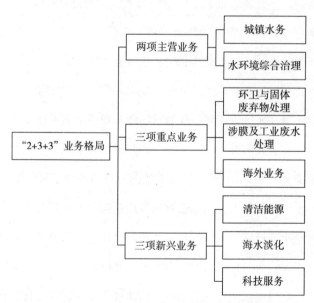

图3 北控水务的"2+3+3"业务格局

资料来源：由北控水务集团提供。

北控水务实施"2+3+3"业务格局的主要措施为：①对于两项主营业务精耕细作，提升效益。增量扩张的同时重视区域策略，在全国广泛布局的基础上，在重点区域加大资源投入，提升重点区域的管理水平和技术含量。在发展公司传统的配套污水厂经营权、公共资产经营权等长期资产盈利模式的同时，构建 EPC 等轻资产项目收益与长期增值业务收益相结合的多元收益格局，分散投资风险，增强企业资金流动性。同时提高服务性收入的比重，并依托水环境综合治理项目，创造性地开拓各种增值业务，探索水环境技术服务和水环境设备租赁等中期盈利模式，使公司在业务上向轻资产转型。②对于三项重点业务的发展，北控水务初期主要采取战略性入股、收购和成立子公司的方式，比如北控水务收购主营业务为电子废物处理的甘肃华壹环保、成立北控城市资源集团从事环卫工作、参股专业从事固体废弃物处理的长沙威保特。环卫与固体废弃物处理、涉膜及工业废水等毛利率较高、资本投入较小的业务领域的拓展，为北控水务轻资产业务的发展打下坚实基础。③对于三项新兴业务，北控水务主要通过与金融机构、科研机构合作的方式开展。比如清洁能源板块，北控水务与中信产业基金、清华大学启迪控股一同协作成立公司，北控水务在其中减少资金投入的同时提升技术和管理能力，保证该领域的可持续发展和轻资产化。

在传统水务的支撑下，大力开拓海外项目、海水淡化、清洁能源、环卫业务、固体废弃物处理、科技服务等领域，攻占环保大市场，对外创建灵活多样的合作机制，打造产业链生态集群，引领业内企业共同发展。

4. "双平台 + 轻资产"

轻资产模式是市场成熟企业，只进行少量资产投资，通过输出管理、技术和品牌获取利润，自己则专注于服务或者产品研发、销售与品牌推广的业务模式。轻资产模式具备资金周转速率快、负债率低、模式可迅速复制、保留项目话语权、风险受益对等的特点。

2010 ~ 2018 年，北控水务已经连续 9 年位居行业资产总额、运营规模、利润居行业之首，行业地位与品牌价值也具备较大的社会认可度，同时匹配其卓越的企业运营能力以及匹配的多样化金融手段，已经满足了战略转型的条件。北控水务自身快速扩张而自身资源有限，企业萌发出新的筹集资金的需求。此外，从重资产到轻资产过渡阶段对"资管""运管"专业化分工也提出了专业化管理的要求。在此背景下，集团迅速进行战略升级，提出了"资产管理 + 运营管理"的"双平台"战略，旨在向轻资产企业迈进。金融业务将被打包放进资产管理平台，该平台追求低风险与收益率；公司主体则轻量化为专注水务资产运营的运营管理平台，投资仅以战略性投资为主。两者之间是战略协同、战术配合、互为支撑、相互促进的共生关系。资产管理平台为运营管理平台提供资金保障，而运营管理平台中的优质资产可通过资管平台金融化手段实现轻资产化，为资产管理平台提供有力的管理支撑和业绩保障。

所谓资产管理平台，即通过对水务环境资产的基金持股和资本运作获得收益，通过资本杠杆和资产组合灵活调整实现价值增值。资产管理平台的依托主体是北控水务下属的合资公司北控金服公司。资金管理平台方面，公司正大力发展基金配合 PPP 项目模式，在该模式下，公司的主要收入来源将由建造收入、设计服务收入、运维收入，以及基金管理费收入构成。该模式为企业发展带来诸多益处：第一，公司可实现以较少的资本金支出撬动较大规模的 PPP 项目投资，突破资金限制实现业务快速增长。第二，在公司不控股基金管理公司的情况下，公司可实现项目公司出表，实现在不扩表的同时享受 PPP 项目带来的收入高增长。第三，该模式不需公司进行垫资，业务模式类似于 EPC 总包，公司的商业模式由原来的以重资产投资为主逐渐向以投资加技术服务、以建设运营为主的模式过渡，公司现金流预计将会出现大幅好转。

运营管理平台通过直接提供水务环保行业的综合服务实现利润，通过市场拓展、技术运营提升、业务协同实现价值增长。运营管理平台的发展方向为实现项目掌握动态化、项目管理过程规范化、运营效益判断准确化。运营管理平台打造上，技术、运营、品牌是三大核心要素，致力于推进智慧运营和运营人才建设，为推进以输出技术和管理理念的轻资产模式打下基础。一方面，北控水务强化智慧赋能，通过使用自主研发的"数字双胞胎"等系统，在云端建立了一整套运营技术和管理模式以及能效管理系统，为运行管理提供依据，并依托大数据平台，整合整个集团的运行数据和管理数据，实现全产业链管控，提升管理效率。另一方面，强化人才队伍建设，北控水务于 2019 年成立市政水务运营管理专业委员会及北控水务运营（水质检测）实训基地，并多次组织高级运营经理研修班，加强基层运营骨干培养，强化运营管理平台的内生力量。另外，公司还在 2018 年牵头联合高等院校、行业协会、骨干企业、科研单位等组织成立中国生态环境产教联盟，进一步提升公司的技术能力，优化公司的价值链布局进而促进轻资产化，优化运营成果产出。

在双平台战略模式下，首先以强大的运营管理平台带动资金管理平台发展，再到双平台互相推动发展，最后到双平台发挥各自优势，独立发展，其所代表的含义不是具体的组织形式，而是能力和商业模式的虚拟化。在"轻资产＋双平台"的模式带动下，运用基金模式快速抓紧政策释放的万亿级市场机遇，实现北控水务跨越式增长，从行业领军者向行业服务者转变。

四、战略回归初心

1. 大的烦恼

北控水务自成立十几年以来，通过战略的不断迭代升级，每一个五年计划都超额超前完成，仅用不到三年的时间就秒变为行业领先者，截至 2020 年底，已经连续五年荣登《财富》中国 500 强企业，且排名不断攀升，发展速度在行业内可以是前无古人，后难有来者，发展形势一片大好。然而集团行政总裁董建军却在思考着主题为"蓄力 2020，发动二次增长引擎"的 2020 年度工作会议。

在行政总裁董建军召开各大区行政总监会议时，南部大区行政总监刘建党向他汇报了近年来在管理工作中的直观个人感触，刘建党直言不讳地说道"随着组织越来越庞大，员工数量越来越多，大区及业务区的中层领导乃至基层员工的创业精神在逐渐地减弱，随着规模的快速扩张，区域公司总经理越来越有诸侯割据一方的感觉，精于'坐商'，疏于'行商'"。各大区行政总监纷纷赞同刘建党总监的说法并感同身受。董建军总裁意识到各大区老总已经发觉到问题的严重性，他们是在担忧北控水务的未来发展，要知道吨位越大的战舰越要航行谨慎，稍有不慎就有可能导致触礁沉没。

其实集团总部高层已经意识到问题的所在，并于会议召开的半年前已经开始调研、分析、会诊。以轮值执行总裁于建国为组长，各高级副总裁为组员的深化改革小组已经制定了全面的战略指引，于 2020 年度工作会议上进行宣贯。

即便如此，董建军总裁还是认真地听取完各大区行政总监的汇报后说道："你们的担忧是确实存在的，但同时要坚定信念，相信集团总部、相信北控水务。"

2. 客户为源——回归战略初心

2020 年 1 月 8 日至 9 日，北控水务集团 2020 年度工作会议在北京延庆隆重召开，大会以

"强运营重塑核心能力，重创新再启增长引擎"为主题。集团轮值执行总裁于建国发表了"客户为源——北控水务集团以客户为中心的大区改革战略指引"的重要讲话，强调了赋能区域公司，发动二次增长引擎，得到了集团、大区、业务区各层领导的高度认可。

客户为源，为北控水务"资本＋技术＋人才＋数据"的轻资产运营模式提供了底层逻辑。在轻资产战略的指引下，集团从投资型公司向服务型公司转变，从金融逻辑向服务逻辑转变，从关注项目向关注客户转变。集团提出以客户为中心，客户满意是核心，客户满意带来项目和品牌，品牌的建立吸引更多客户，要加强市场开发和客户服务，加强前段客户界面建设，使"平台＋单元"的力量会聚在前端，从而获得客户满意。在此宗旨下，建立集团—大区—区域公司三层构架，以客户为中心，由原来的自上而下的强管控出发的科层制组织架构向"平台＋单元"的组织结构转型，从末端治理向源头治理转变。

层层赋能，集团是统帅部和赋能平台，负责制定及推动战略，识别并规避风险，获取并分配资源，建立服务平台为大区赋能。大区是战区联合指挥部，负责响应区域公司呼唤，协调资源建立组织，赋予能力，监督项目交付项目。区域公司作为贴近客户与市场的组织，作为以客户为中心的最小产出单元，是集团发力点，品牌形象的树立者。赋能区域公司，由被管控到被支持，最优资源配置到区域公司，清晰三层架构的定位与使命，明确权责，建立后端支持机制，前后协同，快速响应客户，释放区域公司力量，共同创造价值。

"满足客户需求"是北控水务唯一不变的宗旨。"我认为，在未来不确定的时代，北控水务的一切都有可能改变，只有满足客户需求是公司唯一不变的宗旨。这一底层逻辑清楚了，北控水务的发展逻辑也就清楚了。只有坚持客户为源的基本思想，以是否为客户创造价值作为衡量一切工作的标准，持续打造面向客户的组织，北控水务才能真正地做到水长清、业长青"，集团轮值执行总裁于建国在最后铿锵有力地总结到。

五、尾声

2020 年 1 月 22 日清晨，于建国总裁像往常一样来到办公室，集团高级投资总监潘建兴打来电话，"于总，跟您汇报几个行业最新投资动态，就在昨天晚上，中国水务斥资 12 亿元购买康达环保发行股本的 29.52%，成为其第一大股东获得经营权；今天早上中节能集团全资收购安徽国祯环保，成立中节能国祯进军水务市场"。挂断电话后，于建国急忙打开电脑，搜索着相关的交易信息。此时，南部大区总经理白建业再次打来电话"于总，由于武汉疫情辖区内运营项目公司将面临着人员及原材料的双重短缺的影响，能坚持到什么时候暂时不好说，我已经安排人统计库存了，在建项目也暂时停摆了，何时具备复工条件还是个未知数"。挂断电话的于建国陷入了沉思，变化如此之快，刚过去没几天的年度大会制定的目标能否顺利实现？以客户为源为基础，以"资本＋技术＋人才＋数据"的轻资产运营模式，作为未来几年内的战略，北控水务的发展是否会迈上新的台阶？

启发思考题：

1. 当前北控水务所处的环保行业发展状况是什么？

2. 北控水务为什么从"资本驱动"升级到"资本＋技术"双轮驱动发展战略？

3. 北控水务"轻资产"运营采取了哪些措施？

4. 2000年北控水务为什么实施战略回归初心，以客户为源？

探索与超越：

新鹏都集团的绿色建筑之路 ①

摘要： 本案例从厚积、薄发、探索、超越、引领和未来发展六个方面，聚焦山东新鹏都建工集团有限公司（以下简称"新鹏都"）的战略转型历程。介绍了新鹏都概况、绿色建筑的内涵及新鹏都在绿色建筑领域的成绩。回顾了新鹏都在转型前的发展，描述了新鹏都在企业价值观的引导下，由传统建工向绿色建筑战略转型前后所历经的预见、寻觅、洞见和自我超越四个阶段，呈现了既有核心能力对战略转型的过程及结果的作用，及新老核心能力之间的因果关系。阐述了在实现战略转型的基础上，新鹏都进一步在绿色建筑行业中取得区域引领地位的根据，并就其发展前景进行了讨论。引导读者思考在日益不确定的外部环境下，企业应如何适时进行战略转型来实现可持续发展。

关键词： 新鹏都集团；战略转型；绿色建筑；创新

Exploring and Transcending: The Green Building Road of Xinpengdu Group

Abstract: This case focuses on the strategic transformation process of Shandong Xinpengdu Construction Engineering Group Co., Ltd. from six aspects: Accumulating, evolving, exploring, surpassing, leading and future development. Introduces the profile of Xinpengdu, the connotation of green building and the achievements of Xinpengdu in green building field. Reviews the development of Xinpengdu before transformation, describes four stages of foreseeing, searching, insight and self-transcending before and after the strategic transformation from traditional construction to green

---

①　本案例由聊城大学商学院吴龙吟讲师、梁树广副教授、巩振兴副教授、布茂勇副教授共同撰写。由于企业保密的要求，在本案例中对有关名称、数据等做了必要的掩饰性处理。本案例只供课堂讨论之用，并无意暗示或说明某种管理行为是否有效。

building under the guidance of corporate values, and presents the effect of existing core capabilities on the process and results of strategic transformation, as well as the causal relationship between new and old core capabilities. Expounds the reason of Xinpengdu's regional leadership in the green building industry after the transformation, and discusses its development prospect. Guides readers to think about how enterprises should carry out strategic transformation to achieve sustainable development under the increasingly uncertain external environment.

Keywords: Xinpengdu Group; Strategic Transformation; Green Building; Innovation

案例正文：

探索与超越：新鹏都集团的绿色建筑之路

引言

我国的房屋建筑绝大部分为高能耗型，建筑的相关总能耗已达全国能源总消耗量的46.7%[①]，有效降低全社会的能耗势在必行。在实现碳达峰、碳中和，加快形成资源节约型社会的目标背景下，发展低能耗建筑势在必行。

2009年以来，以节能、环保、宜居为特色的"绿色建筑"概念开始在房地产行业中流行。只是，绿色建筑说的人多，而做的人少。然而，在山东省聊城市，以传统建工起家的新鹏都集团向此积极转型，其楼盘顺利获得国家《绿色建筑评价标准》最高三星认证，为这座高能耗建筑林立的三线城市带来一抹青绿。什么是绿色建筑？新鹏都为什么要转型绿色建筑？它为什么能实现转型？它是如何做到的？它在转型后又如何实现行业引领？

一、新鹏都集团概况

新鹏都集团位于山东省聊城市，成立于2001年，总注册资金3.6亿元，拥有房屋建筑工程施工总承包一级资质，是一家以建筑施工和绿色地产开发为主业，集多项产业于一体的综合服务集团。多年来，新鹏都承接的工程质量一次交验合格率100%，获得山东省优质工程、市优质工程、文明样板工程达百余项，连续多年被评为聊城市建筑业先进集体，聊城市建筑业十佳企业，聊城市建筑安全生产先进企业，聊城市建筑业岗位培训和职业技能开发工作优秀企业，省级、市级重合同守信用企业等。

自2012年开始，新鹏都开始实施绿色房地产发展战略，探寻低能耗、高舒适度的人居模

[①] https://www.cbi360.net/gov/a210286.html.

式，通过消化整合国内一线品牌的居住标准和生活理念，建设了聊城首个绿色高科技颐养生活示范社区——新鹏都·绿岛。"绿岛"通过国家住建部认定，获得了中国建筑界最高级别认证——国家级绿色三星建筑设计认证标识，并被列为了山东省高星级绿色建筑示范项目，获得了山东省绿色建筑创新项目奖，填补了山东省在绿色三星建筑方面的空白。

二、厚积：传承世家精神，打造核心能力

聊城是一座人文历史悠久的地级市，位于山东省西部，是一片广大的平原地区。上千年以来，聊城人民世世代代以农业为其主业，面朝黄土背朝天的农耕生活，日复一日、年复一年地塑造着当地人民"一分耕耘一分收获"的基本价值观，同时也造就了聊城人民特有的诚实厚道、坚忍不拔的品格。

新鹏都集团董事长韩天进是山东聊城人，出生在建筑世家，家族以职业操守高尚、做活精细不苟和技艺精湛在20世纪六七十年代远近闻名。在这样的家庭氛围和上一辈有意识且严格的职业培养下，韩天进从弱冠之年就树立牢固的品质意识和建工基础，为其以后的人生轨迹和日后新鹏都的蓬勃发展奠定了坚实的基础。

1984年，韩天进初中毕业后，便进入了东阿建筑公司，从基层小工做起，一点一滴系统地学习各项建工技术。经过五年的技术和工作经验积累后，在1989年来到聊城市区，入职当时聊城地区最大的房地产公司。凭借过往在建工技术方面打下的坚实基础和踏实肯干的作风，韩天进不到一年时间便被单位评定为最高级别工人，并在1990年通过竞赛被提拔为班组长，由此从基层员工上升为一线管理者，初步开始培养和建设自己的建设队伍。

班组长的工作使韩天进进一步意识到若想要在建工领域有所成就，仅有技术是远远不够的，还需要过硬的理论基础才能从整体上把握不同类型建筑的规划和设计。认识到这一点后，韩天进便利用空闲时间学习建筑方面的理论知识，每天晚上加班学习图纸和建筑预算，周末时常泡在图书馆或向建筑学老师请教专业问题。经过了三年的学习和管理实务，韩天进在建筑理论与实践方面实现了知行合一，还亲力亲为、言传身教带出了一支业务素质过硬、职业道德出众的建筑队伍。这支队伍秉持了韩天进的价值观和业务能力，成为韩天进日后创业打天下的基本班底。

三、薄发：让公司走在行业前列

1992 年底，在自己的视野得到拓展、管理能力得到提升和施工队伍不断壮大的基础上，韩天进开始考虑组建自己的项目部，并于次年年初正式成立。为了谋求进一步的发展，在组建项目部后，韩天进选择加入国家电网下属的电力建筑公司。

韩天进表示"电力建筑公司践行'追求卓越，努力超越'的价值观，不论是土建还是施工都要求创一流。我们施工单位在进驻后就要接受军事化管理，这在当时不但从技术上、管理上，乃至日常纪律上，标准都是最高层次的"。

从 1999 年开始，在项目部工作能力得到全方位提升，在取得行业知名度、广受认可的基础上，韩天进便着手筹备组建公司并于 2001 年正式获批，由此正式注册了新鹏都集团，并在注册伊始便获得了建筑施工总承包资质。

凭借多年积累，新鹏都在创立之初便获得了很好的发展，2005 年，新鹏都将业务向房地产开发拓展。公司主要出于三点考虑：①建工业务带来充沛的盈余，有动力寻找新的增长点；②在价值链上，建工与房地产呈互补关系，使房地产开发具备了天然的优势，且有助于放大建工核心能力；③当时，随到经济快速发展以及住房分配货币化、银行住房信贷规模扩大等社会配套条件的逐步完善，房地产市场已然大热，先进入者获利甚丰。

2006 年，公司开发了第一个商品楼盘"名仕雅居"。由于韩天进一手带出的施工队伍素质过硬，在商品房建设中执行超过单位建房的标准，因此楼体的质量极好。楼房开盘以后，公司在售楼处提供钉子和锤子，让顾客拿着去任一栋楼、楼层和房间去砸钉，并承诺如果能将钉子砸入墙体，就大幅让利，结果没人能砸得进去。这样，新鹏都对高质量的追求在职业生涯开端便牢固地确立了。

通过总结房地产业务的经验，韩天进坚定了扎根建工核心能力不动摇，杜绝因眼前利益而盲目投入，将之作为指导思想贯彻为公司上下的共识，并拓展了新的思路，即将房地产开发作为有效辅助手段，等待时机撬动建工业务的进一步突破，实现"四两拨千斤"。

四、探索：预见，寻觅，洞见

2007 年，随着房屋建筑工程施工总承包二级资质的取得，以及与大客户之间关系的稳定，新鹏都的发展似乎也受到了"瓶颈"的约束。

对"瓶颈"的产生原因，韩天进归纳了三个方面：一是从集团发展上，虽然在当地处于寡头垄断位置，但公司规模和项目部数量并不占优势，传统的经营模式难以使公司在行业中脱颖而出；二是在施工标准上，主流商品住宅的施工标准在一定程度上限制了新鹏都"精""强"核心能力的发挥，常会使公司处于"大材小用""不甘心又无可奈何"的尴尬境地；三是从人生志向上，他一直在思索如何带领新鹏都为家乡和社会做出贡献，而当前商品住宅有诸多不尽如人意之处，存在尚需解决的问题。

此外，从 2007 年开始，全球性金融危机对我国经济产生的负面影响逐步深化，国内失业率上升、职工收入下降，不仅降低了我国居民的消费能力，广大民众的消费意愿也大打折扣。对于受市场预期影响较大的房地产行业，其市场交易量严重萎缩。据《中国信息报》数据显示，2008 年 1~12 月，全国商品房销售面积 6.2 亿平方米，同比下降 19.7%。其中，商品住宅销售面积下降 20.3%；商品房销售额 24071 亿元，同比下降 19.5%。其中，商品住宅销售额下降 20.1%。在成交量不足以及其他融资渠道不畅的情况下，很多企业资金链出现断裂现象，引发财务危机。在此压力下，一些楼盘出现了降价促销的活动，甚至还出现了房地产企业"退地""土地流拍"的现象。市场容量萎缩，商品住宅供应过剩已成为不争的事实。

在自身发展遇到"瓶颈"和经济环境恶化的双重压力下，新鹏都陷入对未来发展的迷茫和困惑：未来我国经济的走势应当如何？若继续恶化，现有的建工和地产开发业务无疑会进入寒冬时节，公司应如何度过？若转向趋好，公司又应如何突破自身的发展"瓶颈"？

新鹏都高管层已经隐约意识到金融危机对于中国经济的消极影响只是阶段性的，中国经济发展长期向好的大趋势不会改变，而经济持续发展势必会带来消费升级。在不远的未来，消费升级在房地产行业应体现为以安静、节能、宜居为特色的建筑，这些特点是当前供应过剩的一般性商品住宅所不具备的。这些具有差异化特型的高品质住宅应成为突破公司发展"瓶颈"的关键。但在 2008 年，新鹏都的这些认识还比较模糊，还停留在感觉和印象的阶段，凭此并不能确立公司的战略方向，须要外部印证以体系化和理论化。

韩天进说："思来想去，突破集团发展'瓶颈'的关键在于坚定对我国经济发展的信心和政府政策的支持，将公司发展自发地融入行业发展的大潮中。未来的房地产消费将怎么升级？公司怎样做才算是顺应消费升级？这是大学问，必须到外面的世界吸取经验，向行业专家和同行请教，了解相关政策和行业未来发展的前沿知识，树立前瞻意识。于是，2008年我就去北京参加了一个工商管理房地产班。其间充分和全国各地的同行企业家交流，得到了众多行业名师的前沿指引，并就国家出台的房地产前沿政策进行了集中学习。在这个过程中，我确立了对我国房地产的未来发展方向的初步定位，即房产建设围绕环境保护和人居健康进行，具体应表现为低能耗建筑及空气过滤建筑。那时候行业尚未倡导绿色建筑，但通过此次学习，我当时便产生了在全国范围内寻找这种健康节能建筑的想法。"

2004年，体现绿色建筑特征的节能型建筑便引起了政府最高层面的重视，提出要大力发展节能省地型住宅。以此为契机，绿色建筑相关政策法规先期出台。2005年，为了引导、促进和规范绿色建筑的发展，建设部、科技部联合颁布《绿色建筑技术导则》，规定绿色建筑指标体系由节地与室外环境、节能与能源利用、节水与水资源利用、节材与材料资源、室内环境质量和运营管理六类指标组成。这六类指标涵盖了绿色建筑的基本要素，包含了建筑物全寿命周期内的规划设计、施工、运营管理及回收各阶段的评定指标，为国家绿色建筑评价标准的出台奠定了基础。2006年，建设部进一步出台《绿色建筑评价标准》（GB/T 50378–2006），《绿色建筑评价标准》首次给出全面和科学的绿色建筑的定义，架构上基本延续了《绿色建筑技术导则》中的中国绿色建筑思路，根据中国建筑和管理的特色，确立了"四节一环保"（即节能、节地、节水、节材、保护环境和减少污染）的绿色建筑主要特征，方法和架构与美国 LEED[①]比较接近。《绿色建筑评价标准》及其评审体系的最大创新是市场化，有专门的绿色建筑认证管理部门，市场上出现专业的绿色建筑咨询机构。

时至2009年，我国政府开始加速推进和完善绿色建筑相关政策法规，建设部于该年印发《关于推进一二星级绿色建筑评价标识工作的通知》（建科〔2009〕109号）、《一二星级绿色建筑评价标识管理办法（试行）》，2010年，各省市包括江苏省、浙江省、上海市、深

---

① LEED（Leadership in Energy and Environmental Design）中文名称为"能源与环境设计先锋"，是一种绿色建筑评价体系，由美国绿色建筑委员会建立并于 2000 年开始推行。其宗旨是：在设计中有效地减少对环境和住户的负面影响。

圳市、广西壮族自治区、天津市等已制定地方标准并开展绿色建筑一二星级评价标识工作。2009 年 11 月底，在积极迎接哥本哈根气候变化会议召开之前，我国政府做出决定，到 2020 年单位国内生产总值二氧化碳排放将比 2005 年下降 40%~45%，作为约束性指标纳入国民经济和社会发展中长期规划，并制定相应的国内统计、监测、考核。此外，建设部分别于 2009 年、2010 年启动了《绿色工业建筑评价标准》《绿色办公建筑评价标准》《绿色医院建筑评价标准》的编制工作。

与政府政策共振，从 2009 年起，"绿色建筑""被动式住宅"的概念开始在房地产行业中流行。部分开发商如万科集团正式把绿色写入企业愿景，并在当年提出绿色战略规划，宣布在装修房、绿色产业化和绿色建筑三步依次推进绿色战略。招商和绿地等建筑公司也制定了使所有新建建筑达到绿色建筑标准的战略目标。绿色建筑相关政策的内容和评价指标与韩天进在工商房地产班培训中获得的前沿知识高度重合，这引起了新鹏都管理层的极大重视，意识到实地考察与投身实践应尽早进行。

韩天进说："在充分研读相关国家政策，消化吸收去年学习成果之后，2009 年专程与建设部、国家发改委节能中心的相关技术专家和领导开展座谈交流，在交流过程中进一步明确了未来的发展方向，就是以被动式建筑为核心的绿色建筑。由此便坚定了向健康环保、低能耗建筑转型的战略发展方向。下定这个决心，还有另外一个因素，就是对我国经济、社会发展前景的信心。虽然当时聊城的生活水平距离一二线城市还有明显的差距，人均消费水平较低，但我相信随着经济的持续发展，在两三年内一定会实现消费升级。"

明确战略方向后，从 2009 年底开始，新鹏都集团便成立了以董事长韩天进、总经理谭雪峰为首的考察团队，围绕绿色建筑和被动式住宅，在全国各地进行系统性的考察学习。其中，2009~2011 年为考察期第一阶段，其间重点了解绿色建筑到底是什么，包含哪些内容。2011 年至今为第二阶段，此阶段的重点在于更新绿色建筑知识、精益求精。考察范围以商品住宅为主，涉及不同地理环境、不同规模的住宅、学校、办公、展馆、被动房产业园区等公共及居住型建筑（见表 1）。

表 1　所考察的代表性绿色建筑

济南"天泰·太阳树"	山东省首个恒温低能耗住宅区，总建筑面积 20 万平方米
哈尔滨"辰能溪树庭院"	严寒＋地源制冷＋全置换式新风，总建筑面积 55 万平方米
秦皇岛"在水一方"	中国首个被动房建筑，总建筑面积 57 万平方米
海东"丽水湾小区"	高原地区首个被动房，太阳能供暖，总建筑面积 1.5 万平方米
株洲"青龙湾·德国之家"	夏热冬冷地区的被动房示范，总建筑面积 4.1 万平方米
上海"中鹰黑森林"	被动住宅精装修的典范，总建筑面积 27 万平方米
福建南安"美景家园"	夏热冬暖地区的被动房示范，总建筑面积 14 万平方米
哈尔滨"森鹰门窗公司厂房"	世界最大被动房工厂，总建筑面积 1.5 万平方米

资料来源：根据访谈记录整理。

所谓绿色建筑，其概念在 1969 年由美国建筑设计师提出，实践起源于以德国为代表的西欧国家，在建筑的全寿命周期内，最大限度地节约资源、保护环境和减少污染，为人们提供健康、适用和高效的使用空间，与自然和谐共生的建筑。绿色建筑的三个主要原则：全寿命周期、四节一环保、因地制宜。所谓"四节一环保"，是指建筑的设计和使用要实现节能、节地、节水、节材，"全寿命周期"是指四节一环保应贯穿建筑的整个寿命周期，"因地制宜"是指建筑的设计应与当地的自然条件有机匹配。

绿色建筑的基础是"被动建筑"，它和"低能耗建筑"近乎等同，是将各种被动式节能手段与高质量建筑结构有机整合的低能耗建筑。绿色建筑并非多种建筑技术的简单堆砌，其要义在于有机整合，使建筑被动接受和存储来自大自然的能量，最大限度降低乃至完全取消如暖气、空调等采暖制冷设施。此外，优秀的被动建筑可以用非常小的能耗使室内达到合适的温度、湿度和空气新鲜度，且易于调节，实现理想的人居环境。

被动住宅建设涉及六大因素：围护结构保温、高性能系统门窗、无热桥设计、良好的气密性、具高效热回收功能的新风系统、室内非供暖热源。前四者是基干，主要作用在于通过建筑严密的结构、足够的墙体厚度和密度使房屋起到很好的保温防水效果，大幅降低建筑的热损失，实现高气密性。而由于高度的建筑气密性会使长时间待在其中的人产生胸闷和窒息感，因此就需要新风系统为建筑内部持续地送入经过空气过滤和湿度调节的室外新风，使室内恒定保持温润和清爽。至于室内非供暖热源，目前在技术上有两种有效的解决方案，一是太阳能，二是地源热泵，如何选择应视具体的地理环境而定。在光照充足的高原地区，更适合选择太阳能，如表 1 中的海东"丽水湾小区"；在四季分明的我国东部和东北部，便需要通过地源热泵汲取地热来抵御冬天的严寒，如表 1 中的哈尔滨"辰能溪树庭院"；而在我国的南方地区，由于冬天并非十分寒冷，因此通过前五种要素的有机整合便可达到"冬暖夏凉"的室内效果，如表 1 中的株洲"青龙湾·德国之家"和福建南安"美景家园"，这典型地体现了"因地制宜"原则。

以上的六种要素，任何一项并非涉及难以获取的前沿技术，但其关键则在于能否通过过硬的建工技术、严谨的选材和高超的整合能力将六种要素有机地结合在一起。一般而言，最为优质的绿色建筑应以实现"三恒"为标准，"三恒"即恒温、恒氧和恒湿。其中，恒温是指根据室外温度调节地源热泵，使室内温度恒定处于 18℃~26℃，达到四季如春的效果；恒氧是指通过新风系统 24 小时不间断地置换经过多层过滤的室外新鲜空气，使室内空气时刻保持清新；恒湿是指通过新风系统的加湿、减湿功能，将室内湿度持续控制在 30%~70%。

此外，高品质的绿色商品住宅在正式交付前，还需要在毛坯房的基础上完成装修工作，以实现零甲醛的精装修为最佳。这不仅是因为绿色建筑结构设计的特殊性，更是取决于其以人为本的建设目的。绿色建筑之所以为"绿色"，是因为它在节能环保的基础上，为住户提供健康、宜居的居住环境，若没有精装修的加持，再好的设计、建造等前期努力都会付诸东流。此外，被动建筑中存在的各类管道、毛细管网等构造，也需要通过精细化的装修予以收纳。因此，精装修与被动建筑的结合，是美观与健康的有机整合，二者相得益彰，使住户得到由里到外的全方位呵护。

韩天进说："2011 年我们在上海普陀区参访的'中鹰黑森林'令人印象深刻。这个绿色楼盘除了取消了空调和暖气，在装修污染问题上更注重每一个细节：地板采用定制环保地板，不光无甲醛，还能分解甲醛、烟味等毒气体；以伊通砖①替代普通砖，增加了外墙保温性能，并使用绿色黏结材料达到无缝契合，吸音隔音效果强，使用寿命更长。卫生间采用同层排水系统，将马桶水箱连同各类管道全部隐藏至隐蔽式墙体内，节水率高达 50%，同时消除卫生死角，降低异味……"

通过为期两年六个月的密集考察，新鹏都团队全方位地了解了绿色建筑的内涵、施工流

---

① 伊通砖由德国伊通公司首创，是以建筑石英砂为主要原料，掺入水泥、水及其他添加剂经科学配方拌合蒸压制成型，自然干燥养护而成的一种薄型空心砌块。伊通砖具有绿色环保、高隔热性、防火性好、保温性强等特点。

程、后期维护以及装修等关键内容，并对国内绿色建筑的痛点和缺憾有了较为深刻的认识。反观新鹏都自身，自组建以来就秉持的"精""强"施工理念，以"精细化管理""精细化服务"为特色的经营实践，二者长期造就了其在行业内独树一帜的优秀施工能力，这恰恰为新鹏都向绿色建筑转型奠定了绝佳的基础。"在考察过程中，就感觉绿色建筑是为我们新鹏都量身定做的一样，我们有什么理由不做呢？"韩天进如是说。

五、超越：从传统建筑到绿色建筑

在将绿色建筑确定为集团今后重点发展方向后，新鹏都开始着手选择地块，并以旗下新鹏都建安有限公司的名义进行申报。由于在 2012 年绿色建筑理念在二线以下城市还比较新颖，因此申报项目冠名为"聊城市新鹏都城市综合体"。

韩天进表示："出于对绿色建筑的考虑，我在城市周边寻找地块。在综合考察了聊城市高新区和开发区等区域后，决定靠着京杭大运河发展，将地块定在位于京杭大运河、徒骇河和周公河三河交界处的嘉明经济开发区，这不仅是因为三河与东昌湖交相辉映而成天然氧吧，还在于京杭大运河深厚悠久的历史底蕴赋予周边居民特有的人文气息。在 2013 年以'聊城市新鹏都城市综合体'向政府报项目，并通过政府立项，土地面积 500 亩，并顺利地与政府签订协议。"

协议土地签订后，在正式开工前，为了开阔视野、夯实已有绿色建筑技术、确定优质的供应商，韩天进再次带领新鹏都团队外出考察，"在完成国内考察的基础上，2013 年和 2014 年，我们陆续在其他国家进行绿色建筑考察，包括德国、法国、英国、意大利、西班牙、澳大利亚、新西兰等国家，其间我们最为看好德国、法国的被动式住宅和科技住宅的结构，意大利和西班牙的设备"。

通过接近一年的外出考察学习，投身绿色建筑所需的理论知识和集成来源等都已齐备，但新鹏都还面临着两个难题，即来自集团部分管理者和上级主管部门的阻力。前者虽已接受绿色建筑理念，但由于绿色建筑的施工标准和施工成本要远远高于传统建筑，因此一旦真正要去做，他们便打起退堂鼓；后者的疑虑在于，由于绿色建筑在国内尚属新颖，在接受上还需要一个过程，因此不敢贸然审批此类项目。

若想超越自我就要克服阻力。对此，韩天进除了采取常规性的说服外，更是试点建设绿色建筑，让观者身临其境地感受其魅力，达到"四两拨千斤"的效果。

韩天进表示："2014 年我们在还没有进行土地熟化的情况下，为试验已掌握的绿色技术，于北城首先建设了一个面积 1600 平方米的科技馆。这个科技馆全面展示了绿色建筑的特点，不含空调、暖气和钢结构，于 2014 年上半年建成，下半年投入使用，当时恰逢聊城市雾霾比较严重的时候，可以说，科技馆的建造恰逢其时。投入使用以后，我便在第一时间邀请国家发改委节能中心和建设部的领导和专家来参观考察。在详细了解了科技馆的操作规程、图纸设计和运行效果后，专家们将我们的科技馆评定为绿色三星，这是绿色建筑的最高国家标准，并且特别指出科技馆不但达到了绿色建筑标准，而且已经超标准完成，可以说效果很好，做得很扎实。这是对我们很高的评价。"

"无独有偶，同样是 2014 年，分管城建的副市长在全市建筑建材会议上殷切地表示，'聊城市的楼房建筑总是存在这样或那样的质量问题，希望当地企业家能真正地出来做出高质量的绿色建筑'。当时集团与政府已经签完土地协议，但相关的土地规划却一直都推不动。副市长的发言让我看到了契机，那时集团的绿色科技馆已经建好了，但还没有对外宣传。利用这个机会，我专程邀请副市长来科技馆参观，并向他详细介绍了细节。领导很震撼，并就土地规划等方面的问题直接联系相关部门，进行现场办公，相关困难迎刃而解。"

新鹏都绿色科技馆的建设巧妙扫除了开发绿色建筑的两大障碍，同时验证和优化了其应用和整合绿色技术的能力。"打铁还需自身硬"，依托施工核心能力，新鹏都绿色建筑的顺利推进也就理所当然了。

"2015 年，我们首先做了一期建设三栋楼的规划，也就是现在的'新鹏都·绿岛'一期，并完成了设计内容，并在此基础上申报国家绿色三星标准。2016 年，根据框架合同的进行征地，通过土地招拍挂取得现在的一期土地。我们的绿色三星标准申报工作是先于拿地开始的，提前着手可以使各项工作同步推进，提高效率。"

"在正式拿到地不久，我们的申报也获得通过，楼体设计顺利取得绿色三星标准。在后续施工中，一期的三栋楼全部按照鲁班奖、泰山杯的标准，依据操作规程严格施工。我们在工程的各个阶段都要录像，并将所有技术资料与国家建筑强制性条文紧密融合，由此严格保证了建筑质量。对一些建筑上经常发生的、且老百姓又在意的细节性问题，如裂纹、隔音效果差、保温质量低等，我们启动'匠心工程'行动，用精益管理思维将方案定好，在施工中切实解决。"

"随着主体建筑的完工，我们便开始做装修工程。在装修过程中，我们就先前遇到的每一个建筑问题进行研究，为了很好地克服这些问题，我们还和北京建工集团、南京朗诗集团等老牌建筑公司结成战略联盟，推进技术共享，就一些关键的技术问题专程组织论证会以达成共识，群策群力解决问题，真正实现精装修。"

在绿色三星的楼体设计和优质建筑施工的双重加持下，"新鹏都·绿岛"一期楼盘不但实现了聊城市绿色建筑零的突破，整楼取消了暖气、空调、空气净化器等设施，免去管道铺设、燃煤等方面的成本及相应的环境污染，高标准地实现了"三恒"，真正打造出了健康、绿色、低能耗的家居环境。诚如某业主所说"有三大满意：一是这么有科技含量的房子房价竟然没有比普通住宅高出许多；二是拎包就能入住，省去了装修、采暖和空调等费用；三是住得十分舒适，很安静，冷热、湿度都恰到好处，入住后我的过敏性鼻炎再也没犯过。"

六、引领：质量与发展要两全其美

1. 质量引领

放眼全国，虽然绿色建筑已在各地多有呈现，但真正能达到绿色三星标准，有效且全面地实现室内"三恒"的却仍属很少一部分。另外，如何将"三恒"长久地保持下去，才是真正体现建筑"绿色"的所在和对企业"工匠精神"的考验。

为了实现"三恒"与楼体同寿命，新鹏都通过狠抓关键点创新，付出了系统性的努力。以工程技术含量最为复杂的地源热泵及其配套为例：

"根据楼体结构，我们对地源热泵井及前端毛细管网的参数和数量进行详细设计。与地源热泵配套的"U"形地埋管在下井以后和建筑同寿命，是我们着重思考的问题。这是因为我们的地源热泵井打在楼体下方，如果过了二三十年就不起作用了，那不但会直接影响住户的正常生活，且维修难度极高，维修成本也会高昂到难以想象。这些问题我们必须事先就考虑到。"

"为打消这个后顾之忧，我们对管件的各个来源进行对比考察，最后决定全部采用德国进口的，因为不但质量好，而且工艺也处于领先位置。为了进一步确认这些工艺特性对我们建筑的适用性，我们还专程邀请了来自战略合作伙伴和研究院所的技术专家，以及处于施工一线的技术员，组织专题会议进行论证。"

"为保证'U'形地埋管与建筑同寿命，我们做了双重保险。除了从管件材料上下功夫外，我们还为每一座楼都多打出30眼地源热泵井留作以后备用。将井打好后，我们用油布将其接口全部包起来，以便把它们保存好、封闭好，包好后再做好标记。这就保证了在未来30年、40年乃至50年后，不会因为地源热泵井的问题影响住户的生活质量。曾有人询问我，你们的房子现在做这么好，那么未来20年或30年后，是不是恒温系统就和房子寿命就没有关联了？不会的，我们一定会让'恒温'伴随楼体的一生。"

此外，新鹏都在"绿岛一期"的基础上，进一步优化整合绿色建筑技术，将后续的"绿岛二期"从"三恒"升级为"六恒"，即"恒温""恒氧""恒湿""恒静""恒洁""恒智"。其中，"恒智"是通过引入数字化信息系统，实现温湿度和日常家居的智能化调节，提升家庭生活体验；"恒静"可达到每一次睡眠都不被打扰；"恒洁"可全时保持家庭环境清新。

"恒静""恒洁"的实现除了以高气密性的楼体结构为基础外，还在于新鹏都对新风系统的改进创新，使其在保持24小时不间断的同时在2个小时内能完成一次室内空气置换。

"如果某天停电了，我们的低能耗住宅能保持原有的恒温恒湿效果3~5天，这就是我们的创新成果。"

另外，新鹏都在精装修方面下的功夫也功不可没：

"我们的系统窗可以隔绝室外的大部分噪声和污染，但在室内还存在着二次噪声和室内污染。比如说卫生间，传统的卫生间会有很大的冲水声，楼上邻居的使用会对我们的休息造成一定的影响。因此我们创新了'同层排水'的方法，将排水管道嵌入装修假墙内，每3米有一个逐级降噪管对水流进行降噪，这就有效消除了排水噪声。而我们的马桶采用的是悬浮式马桶，它没有任何的死角，打扫起来非常的方便，避免了传统马桶因打扫困难带来的污物残留和细菌滋生。"

为实现"六恒"，新鹏都围绕绿色建工和精装修，已获批20余项实用新型专利，部分工艺标准已在行业内推广，为同行所采用。

2. 发展引领

与聊城地区新开发的传统楼盘相比，"新鹏都·绿岛"一期的房价仅仅处于略高的位置，而与学区房甚至是二手学区房相比，价格则明显低于彼。由于绿色建筑的施工与装修成本要远远高于传统建筑，因此一个无法回避的问题便是其盈利状况，毕竟企业不是慈善机构。但与外界的担忧恰恰相反，新鹏都却并未将绿岛项目的盈利放在首要位置，可谓是"醉翁之意不在酒"。

韩天进如是说："除了施工用材，绿色建筑还包括装饰装修这一块。很多企业打出全装修的牌子，我们则是严格的精装修，精装和全装不论成本和质量都差别巨大。精装修首要是抓原材料，品牌有一类产品、二类产品和三类产品，还有贴牌的产品，我们必须采购一线品牌的一类产品，它们有最高的标准，但成本也是最高的，我这里每平方米的装修费用在3000元以上。"

"对于这些增加的成本，我们如何获取利润？这一块就得靠你自己的施工队伍降低成本。你有自己是施工队伍，再有你的设备，这一块儿占了很多。还有一个就是在时间和人力方面不要内耗，我们一直执行的精益管理起了很大作用。"

"再一个说就是我们把这个产品推出去以后，首先不要把利润看得过于重要，要意识到相对于传统建筑，老百姓对绿色建筑有一个认识和接受的过程，宣传得再多，也只有切切实实地住进去才能真正感受到绿色建筑的好。这也决定我们不能把价格定得过高。所以我们绿色建筑的利润在哪里？在无形之中。我们这个盘就压根没有把利润纳入关键考核指标，我们把品牌做出来了，我们做到精和强了，我们以后的发展必然是细水长流。"

新鹏都坚信，发展绿色建筑就是踏准了建筑行业的时代发展节拍，随着"绿色""节能""低碳经济"等进一步推进和落实，除住宅外，诸如工厂、医院、学校、幼儿园、办公区等也将不断涌现对绿色建筑的需求。届时，经过实践反复打磨的、具备出色施工能力和绿色技术储备的建工队伍必将发挥用武之地，为社会创造价值。

"我们不只在绿色建筑这一项业务上挣钱，我们还有传统建筑施工这一块业务，在这一项业务上，我们追求经济效益，盈利周期也短。对于绿色建筑这一块业务，我们力争做到山东省的标杆，不把利润放在第一位，而是要把它做成一个品牌，做成一个宣传媒介，让老百姓了解绿色建筑的好，让社会了解我们出色的施工能力和绿色建筑技术，通过它带动我们的建筑施工走出去。"

七、后记

随着"新鹏都·绿岛"一期工程的完美收官，二期工程正如火如荼地展开，三期工程的建设也早已提到日程规划中来，"以传统建工助力绿色建筑，以绿色建筑反哺传统建工"的发展方略在实践中逐步落实。念念不忘于将绿色建筑"做精做强"，新鹏都对绿岛业主的承诺远未止步：建设的绿岛幼儿园真正实现了零甲醛，与聊城市人民医院共同打造绿岛康养社区，与蓝海集团合作经营的五星级蓝海钧华大酒店也已正式运营……绿色生态圈格局基本成型。当前，低能耗建筑的"天时""地利"已现，"人和"尚待人为，有道是"风物长宜放眼量"，中国绿色建筑的未来和新鹏都的未来将会是怎样？让人翘首以待。

启发思考题：

1. 在转型绿色建筑以前，新鹏都有何核心竞争力？这种核心竞争力是如何形成的？

2. 新鹏都为什么要战略转型？新鹏都实施战略转型有何优势？

3. 运用一般战略分析工具对新鹏都战略转型的可行性进行分析。

4. 围绕转型背后的指导思想，思考新鹏都在转型后实现引领的根本依据。

2

管理经济学

循环有道，数智为媒：

信发集团循环经济的探索之路 [①]

摘要： 党的二十大指出，我们要推进美丽中国建设，统筹产业结构调整、污染治理、生态保护、应对气候变化，推进生态优先、节约集约、绿色低碳发展。作为民营企业循环经济发展的典范，信发集团在发展电解铝产业的过程中，不断打造循环经济链网，探索出了一条降碳、减污、扩绿、增长的循环经济之路。本案例以信发集团打造绿色循环经济链网的过程为主线，重点阐述了信发集团循环经济发展模式的战略生成、数字化驱动和超循环经济探索，旨在引导学生深入理解循环经济、数字化、超循环经济和环境成本内部化理论及其知识点，引发学生对企业家精神和企业履行社会责任的思考，以期为其他制造业企业提供构建废弃物循环利用体系、推动循环经济发展的经验。

关键词： 信发集团；循环经济；数字化

Circulating Properly, and Using Digital and Intelligence as a Medium: The Exploration Road of Circular Economy of Xinfa Group

Abstract: The 20th National Congress of the Communist Party of China pointed out that we should promote the construction of a beautiful China, coordinate industrial restructuring, pollution abatement, ecological protection and response of climate change, in order to promote ecological priority, economical intensive, green and low–carbon development. As a model of circular economy

①　本案例由聊城大学商学院张宪昌副教授、杨宏力教授、李欣讲师、梁树广副教授、2022级MBA学生桑达、许博文撰写，山东财经大学MBA中心主任刘素教授提供了指导意见。本案例得到国家自然科学基金（71801120）和山东省高校青创科技支持计划（2019RWE012；2021RW031）以及聊城大学商学院（质量学院）揭榜挂帅团队立项项目资助。由于企业保密的要求，在本案例中对有关名称、数据等做了必要的掩饰性处理。本案例只供课堂讨论只用，并无意暗示或说明某种管理行为是否有效。

development of private enterprises, Xinfa Group has constantly built a circular economy chain network in the process of developing the electrolytic aluminum industry, and has explored a circular economy road of carbon reduction, pollution reduction, green expansion and growth. This case takes the process of building a green circular economy chain network of Xinfa Group as the main line, and focuses on the strategic generation, digital drive and super circular economy exploration of the circular economy development model of Xinfa Group. It aims to guide students to deeply understand the theory and knowledge points of the circular economy, digitalization, super circular economy and environmental cost internalization, and to stimulate students to think about entrepreneurship and corporate social responsibility. Therefore it is expected to provide other manufacturing enterprises with experience in building waste recycling system and promoting the upgrading of circular economy.

Keywords: Xinfa Group; Circular Economy; Digitization

案例正文：

循环有道，数智为媒：
信发集团循环经济的探索之路

引言

"信发集团在以铝电产业为主导，不断发展热电、氧化铝、电解铝的基础上，打造循环经济链网，探索出了一条以生态促发展的高质量发展之路。"中国能源学会秘书长张秀龙在主持第十届中国能源科学家论坛的讲话中表示。时隔 32 个月之后，信发集团发展循环经济释放的碳红利成为响当当的名副其实的真金白银。根据上海环境能源交易所发布的全国碳排权交易成交数据统计显示，截至 2022 年底，信发集团累计碳交易量达到 1407.6 万吨，占全国总交易量的 7.47%；总交易金额达到 7.43 亿元，占全国总交易额的 9.1%，居全国首位。

由于质量轻、质地坚硬和良好的延展、导电、导热、耐热和耐核辐射等特性，铝是世界上使用广泛性仅次于铁的第二大金属。但是，铝的冶炼工艺和过程较为复杂，在工业生产中往往会形成具有一定危险性的废弃物。信发集团通过不断建链、补链、延链和强链，利用大数据、物联网、云计算、AI 等现代数智技术，形成了闭合的循环经济数字链网，将上端的废弃物，变成了下端的原料，既节约了资源，又降碳扩绿，创造了电解铝行业发展循环经的"信发模式"。

拥有纵向一体化产业链的信发集团，在做大做强电解铝主业的同时，将推进循环经济作为企业生存和高质量发展的基本战略。经过 20 余年的快速发展，信发集团由一个名不见经传的鲁西小热电厂，发展成为主营业务收入超过 2600 亿元的现代化特大型跨国公司。现年 75 岁的信发集团董事局主席张学信，在电话中听完统计科纪科长的公司业绩汇报后，依然干劲十足，充满激情。透过办公室明净如洗的窗台，张学信望着不远处鳞次栉比的现代产业园，内心依旧如年轻人一样激情澎湃。目光所至，皆为画卷。半个多世纪干事创业、奋勇争先的历史场景，如潮如影，奔涌脑海，往事并不如烟。

一、因电而生，由铝而兴，铝不惊人誓不休

茌平区①位于山东省西部、聊城市东部，为黄河冲积平原，农耕文化溯古久远。同时，受齐文化重商思想影响，经商习俗历久不衰。两千多年的农耕实践和经商习俗，造就了茌平人骨子里吃苦耐劳、敢为人先、以诚为本、以信立人、以信为用的精神品格。这一内在精神，一旦被激发出来，就会转化为源源不断的磅礴之力，创造出"当惊世界殊"的人间奇迹。

信发集团的前身是1972年成立的茌平县发电厂。当时，张学信从茌平县拖拉机站站长直接调任发电厂生产科科长，3年后担任发电厂党委书记兼厂长。1992年，茌平县发电厂更名为茌平县热电厂，实现热电联产。在张学信的带领下，热电厂发电规模不断扩大。但由于市场消费有限，出现了电力过剩问题。为"电"谋出路，成为张学信的首要工作。1997年，国家对地方提出了"关停并转"小火电机组的要求，茌平县热电厂处于生死悬于一线的危机之中。

为了避免被关停的命运，51岁的张学信带领管理人员深入电解铝行业调查，发现这个行业不仅可以发挥电厂优势，而且进入门槛不高，毛利率一般可以达到20%以上，属于不完全竞争行业。确定了建设电解铝项目之后，资金难题摆上日程。建设产能为1万吨的电解铝生产车间，需要投资5000万元，而热电厂本身资产不到2亿元，每年利税仅在300万元左右，企业积累不够，商业银行不愿意提供贷款。此时当地农村信用社提出主动支持贷款4000万元，张学信带领职工东凑西借1000万元，筹齐了资金，立马开工。建成后，第2年就产生了600万元的效益。1999年，茌平热电厂进行了改制。同年5月，看到了电解铝生产的巨大效益，张学信放眼长远，力排众议，毅然拍板新上了7万吨电解铝生产线。2000年9月，这一项目投产运行。2001年，信发集团利税达到2亿元。此后，不断投入技术先进乃至世界一流的新设备，在张学信眼中，成为划算的买卖。电解铝项目的战略抉择，不仅拯救了企业，而且开启了企业发展的磅礴之势。从1998年至2004年，经过7年的高速度高端化②建设，信发集团的

---

① 2019年6月27日、8月2日，国务院、省政府先后下发文件，批复同意撤销聊城市茌平县，正式设立聊城市茌平区。

② 所谓高速度，主要指建设快，投产快，表现为"当年开工，当年建设，当年投产，当年见效"；所谓高端化，主要指"上马的产业必须是高端化产业，不能低端，设备也是世界上最先进、产能是世界最大"。信发集团在创业之初，就以国际企业的标准严格要求自己，进设备"不能只追求在县里是最先进的，也不能只追求在聊城最先进、山东省最先进，就是追求在中国最先进也不行"，一定要追求国际上最先进的才有生命力。

电解铝从无到有，发展迅猛，创造了民营企业进军电解铝行业的奇迹。在信发集团的带动下，茌平县工业实现了跨越式发展和历史性突破。从 2001 年起，茌平县第二产业增加值在产业结构中首次超过第一产业，成为主导产业。

信发集团的电解铝产业已经成为聊城市的支柱产业，为聊城市和茌平县财政贡献了排行榜第一的税收。2015~2016 年，信发集团连续两年在中国铝工业百强评选中排名第一。从近十年来看，2013~2022 年信发集团主营营业收入整体呈现了较快增长的趋势，年化增长率达到9.18%。2022 年主营营业收入达到 2681 亿元，是 2013 年的 2.20 倍，如图 1 所示。

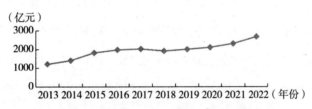

图 1 2013~2022 年信发集团主营营业收入情况
资料来源：笔者根据信发集团提供的数据绘制。

从 2018 年开始，信发集团利润总额不断增长。2021 年达到 208.2 亿元，利税总额达到274.1 亿元，均创历史新高，如图 2 所示。从营业收入利润率来看，2018~2021 年信发集团年平均营业收入利润率（按算术平均数计算）达到 7.56%。

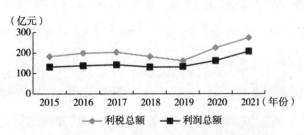

图 2 2015~2021 年信发集团利润和利税总额情况
资料来源：笔者根据聊城市企业联合会、聊城市企业家协会信息绘制。

二、为铝所创，链条经济，建链构网打基础

21 世纪初，在全国尚未提出"循环经济"概念时，张学信从企业"开源节流"的角度，提出了"链条经济"的发展思路，即循环经济发展模式的雏形。作为具有 20 多年电厂运行经

验的张学信，充分认识到电解铝行业不同于一般制造业，信发集团除了拥有发电供热优势之外，还必须把发展的命脉掌握在自己手中，建立纵向一体化的产业链条。张学信首先考虑到，围绕电解铝生产，需要建设与之相配套的原料生产线，保障碳素、氟化铝、冰晶石和铝矿粉等上游原料的生产供应，以减少市场价格波动的影响。在下游领域，对铝金属进行深加工。打造链条经济支点，缺什么，建什么，成为信发集团循环经济发展初始阶段的主要任务。

2000 年以来，整个电解铝行业的快速发展，对氧化铝原料的需求急剧增加，建设氧化铝生产线势在必行。2004 年 2 月，信发集团成立信发华宇氧化铝有限公司，专门生产氧化铝粉。从北京开完"两会"回来之后，张学信直接赶往工地，"出不来氧化铝粉不回家"，带领职工们拧成一股绳，吃住都在工地上，造就了"特别能吃苦、特别能奉献、特别能战斗、特别能忍耐"的"四特"精神。时间就是金钱，从建设到投产，只用了 7 个月。氧化铝项目的运行，标志着信发集团成为国内第一家利用国外铝土矿生产氧化铝的民营企业，实现了铝粉配套，由此改变了中国氧化铝行业的市场格局。

在所有的原料供应中，铝土矿供应具有最大的不确定性。如何建立稳定的原料供应渠道，确保链条经济的韧性和稳固性？在国家鼓励支持拓宽利用国外铝土矿资源的背景下，2003 年信发集团先后与印度、印度尼西亚等国家的铝矿集团签订了为期 20 年的铝矿粉供应合同。随着生产技术和成本获得国际竞争力优势，再加上良好的商业信誉，信发集团很快被世界铝行业认可。为了消除铝土矿市场价格波动的影响，信发集团与澳大利亚力拓公司采取"以物易物"的交易方式，签订了十年的铝粉换铝土矿协议，实现了"鸡蛋换盐，两不找钱"。

2007 年以来，信发集团在国内实施了横向一体化战略，先后在广西、新疆、山西吕梁等地区投资建厂。随着企业规模不断扩大，对铝矿粉的需求不断增长。新的找矿难题再一次出现。经过了多年的考察，张学信决定到斐济投资开采铝土矿。2011 年的初春乍寒，张学信带领管理团队从中国跨越南太平洋飞到斐济，去拜访斐济总理姆拜尼马拉马（Frank Bainimarama）。不巧，姆拜尼马拉马总理已坐上去美国的飞机。张学信当即决定，马上乘坐去往美国的另一班飞机。到了美国，姆拜尼马拉马总理已坐上去往另一座城市的飞机。张学信决定，继续追。功夫不负有心人，在姆拜尼马拉马总理忙完公务准备返程时，张学信追上了同一架航班。"三追总理"的诚意打动了总理本人，也打动了斐济政府。但是此时已经有其他国家的投资者在洽谈斐济铝土矿开采合作项目，面对国际同行竞争者，张学信不仅没有萌生退意，而且快人一步，积极联系相关部门，在中国商务部和外交部的协调下，信发集团第一时间递交了具有开发建设性质的并购方案，最终赢得了斐济政府的认可，成为斐济第一家开采铝土矿的外国企业。经过并购和投资，信发集团旗下可以利用的国外铝土矿区面积达到近6000万平方千米，有力保障了铝土矿上游供应链的稳定性。

围绕电解铝生产的上下游关系，信发集团逐步建立起以煤炭、铝矿石、岩盐、石子等为上游原料，以电解铝、氧化铝、热电、聚氯乙烯（PVC）和1，4-丁二醇（BDO）等为中间产品，以铝金属深加工、热电供应、赤泥综合利用、PVC深加工、砌块、制砖、石膏板、BDO深加工等为下游产品的产业链条，如图3所示。具体来看，主要包括四大链条：一是以煤矿开发、发电、供热为主的能源链条；二是以铝土矿开发、氧化铝、碳素、电解铝及铝深加工为主的铝产业链条；三是以盐矿开发、液碱、石灰、电石、聚氯乙烯及精深加工、BDO深加工为主的化工链条；四是以石膏、粉煤灰及深加工为主的建材链条。其中，铝产业链条在集团所有产业

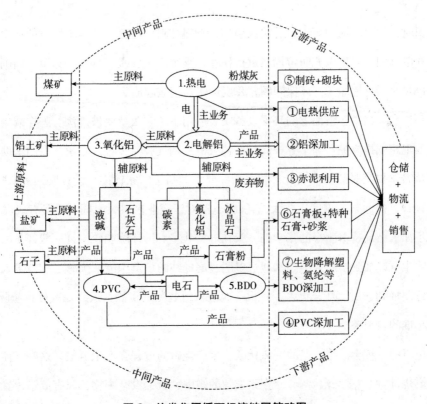

图3 信发集团循环经济链网简略图

资料来源：笔者绘制。

链条占主导地位。四大链条之间环环相扣，又相互关联，形成了"热电联产、铝电联营、铝粉结合、化工配套、建材延伸、集群发展"的循环经济链网。

伴随着电解铝和氧化铝的生产，废弃物也随之产生。煤炭发电，会排出大量的温室气体二氧化碳和粉煤灰、煤渣等固体废物。在氧化铝生产过程中，会产生大量粉尘、噪声、高温等，排放有害气体二氧化硫、温室气体二氧化碳和难以降解的赤泥。在铝矿粉、石灰石、石灰、煤、氧化铝粉装卸和运输过程中，也会产生有害的粉尘。在电解铝生产过程中，还会产生烟尘、氟化物、硫化物、一氧化碳、大量的废水以及高温和噪声危害。如何减少各种废弃物排放量，并进行有效处理，最大限度地降低对人体健康和生态环境的损害，是电解铝行业发展面临的普遍难题，也是摆在作为企业负责人张学信面前的一道重要课题。

三、循环有道，"吃干榨净"，踏破铁鞋有觅处

曾几何时，火电厂锅炉烟囱冒着滚滚黑烟，物料卸料、储存、装运中散发的扬尘白茫茫一片，工人在电解铝车间里戴着防毒面具进行作业，整个厂区弥漫着烟气的味道，周围的空气灰蒙蒙的，PM2.5 严重超标……环保问题，几度让张学信皱起眉头。

由于环保政策趋紧，市面上的环保设备安装后用不了多久就要被淘汰。怎样减少大气污染排放量，实现超低排放呢？为了寻找高标准的火电厂烟气脱硫装置，张学信专门求助相关设计院。张学信希望提高脱硫标准设计，相关指标要大大高于国家标准。设计院回复："目前还没有这样的设计，搞起来，难度比较大，耗时长。"对于企业来讲，时间关乎生存，时间就是效益。求人不如求己，技术出身的张学信一头扎进实验室。设计院脱硫设计一般都是两层膜，张学信从电除尘可以加到 7 层和纯净水通过多层过滤提纯的事例中汲取灵感，和技术人员将脱硫两层膜，逐层加到 6 层，甚至更多。一次一次进行组装测试实验，最终烟气硫排量降为 0，实现了脱硫标准的新突破。

制取电石的过程会产生大量的一氧化碳。生产烧碱的过程会产生氢气，这些气体一度作为废气进行燃烧排空。"多么浪费啊"，在张学信的眼中，"世上没有废物，只有放错位置的资源"。这些废气，有没有办法收集起来，进行利用呢？张学信陷入了沉思。这就需要通过技术改造，实现变废为宝。把半密闭的电石炉改造为密闭炉，一氧化碳的尾气就可以实现完全回收。一氧

化碳可以完全替代煤粉，用于下一道工序石灰烧制的燃料，一年可以减少二氧化碳尾气排放 5.53 亿立方米，减少碳排放 60 万吨，节省资金 3 亿元。氢气是生产脱硝剂的重要原料，而电厂烟气脱硝又需要大量的脱硝剂。因此，氢气从理论上是可以回收使用的。

为之，信发集团加大了技术投入，加强了环保治理。在这方面，张学信舍得花钱。2014 年以前，信发集团先后投资了近百亿元进行各方面的环保治理。到 2014 年，信发集团电厂、电解铝、氧化铝、碳素等车间实现了超低排放，并在扬尘、水、厂区绿化等各方面治理走在行业前列。2014 年 2 月，被山东省经信委、住房和建设厅等六部门联合评为"山东省循环经济示范单位"。同年 9 月，被国家发改委评为第二批资源综合利用"双百工程"骨干企业。2014 年以后，作为有色金属产业"链主"企业，信发集团先后投资 300 多亿元对全产业链进行技术升级。2014 年，投资 216 亿元建设 66 万千瓦高效超超临界机组。2015 年，投资 14 亿元完成 9 条煤炭铁路专用线，率先实现了"公转铁"。2015~2016 年，信发集团对各厂区的煤炭、氧化铝粉、灰渣、石油焦、脱硫石膏等物料装卸分别进行改造，创新设计了不同类型的全自动无尘装卸系统及地下输送管道，杜绝了扬尘污染。2017 年，采用法国法孚公司设计，引进世界最先进的技术和自动化控制系统、最可靠的生产设备和环保设备，建设新型碳素项目。2017 年，引进世界上最先进的铝合金棒生产线，建设新型铝合金棒项目，实现了从锯切到发货的无人值守。2022 年，信发集团投入创新资金 2 亿元，增加经济效益 25 亿元，单位创新投入效益接近 2018 年的 2 倍。通过设备革新和技术投入，信发集团节能减排和链条循环效率大大提升，有色金属生产的传统形象成为历史，清洁形象焕然一新。

在技术投入表现"大气"的同时，张学信也有着吝啬的一面。面对厂区产生的大量固体废弃物得不到有效利用，只能被人低价拉走，有时甚至还要倒贴钱，个人消费节俭惯了的张学信十分心疼。比如，废煤渣没地方存放，叫车拉走，每吨要花费 6 元钱；粉煤灰占地方，拉走一车不仅不给钱，还要支付对方 200 元钱。光处理这些废物，一年下来，集团要支付不少钱。"如果能把它们的附加值都挖掘出来，'吃干榨净'有多好。"怎样才能"吃干榨净"呢？这不仅需要优化生产流程，提前布局设计便于后期升级改造，还需要沿着循环经济的思路，进行综合利用。2018 年，信发集团建设国家发改委"双百工程"示范基地新型环保建材产业园，充分利用电厂排出的灰、渣和脱硫石膏，建设新型制砖、砌块和脱硫石膏粉项目。2019 年，建设粉煤灰装配式建筑墙体项目、脱硫石膏板项目等，进一步加大固体废弃物综合利用力度，形成了

200万吨建筑石膏粉，2.4亿平方米高品质纸面石膏板，1000万方加气砌块，2.4亿块蒸压砖等生产规模，实现了"出灰不见灰，出渣不见渣，固废变资源"。2019年11月，被国家发展改革委、工信部评为"大宗固体废弃物综合利用基地"。同年，被评为国家级高新技术企业。

"不仅要循环利用，而且要吃干榨净。"通过"建链，补链，强链"建设，信发集团生产过程中产生的煤灰、煤渣、脱硫石膏、粉尘、废气、废水及余热成为下游企业所需的能源、原料，实现变废为宝。在信发集团，单就石子就可以循环利用6次以上。石子可以用来生产石灰，石灰用来生产电石，电石用来生产聚氯乙烯，生产聚氯乙烯产生的废料可以替代石灰生产氧化铝，也可以替代石灰用于电厂脱硫，脱硫下来的废料还可以生产石膏粉，石膏粉又可以广泛应用于生产标砖、砌块、石膏板等建筑材料。时至今日，信发集团循环经济发展越加成熟，如图4所示。

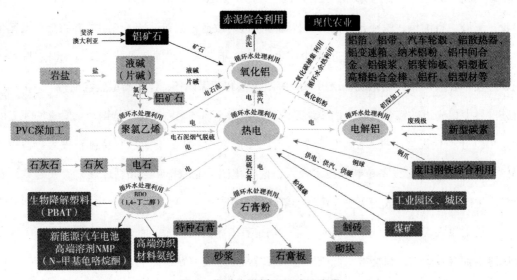

图4 信发集团循环经济示意图

资料来源：信发集团。

信发集团发展的循环经济，不仅体现为产业链条的循环，而且表现为整个工业园区的整体循环。信发集团工业园区，已呈现出厂房集约化、原料无害化、生产洁净化、废物资源化、能源低碳化、建材绿色化的现代园区循环经济特征，资源利用效率明显提高，经济效益、生态效益不断凸显。根据2013年山东省国合循环经济研究中心的鉴定报告，信发集团通过发展循环经济，每年节省资金70.12亿元。据测算，年节约标准煤总量为105.8万吨，相当于减排二氧化碳 263.6 万吨；节水 4257.34 万立方米，减少固体废弃物堆存量 600 万吨。根据信发集团最新内部测算，这一循环经济链网不仅节约了煤炭和水的使用量，而且开发了以固体废弃物为原料的新产品，大大降低了单位产品能耗和碳排放，产生的直接效益已达到 100 亿元以上。

四、数智为媒，降碳扩绿，"双碳"落地寻先机

在发展循环经济的同时，企业规模快速壮大。张学信充分认识到，资源的最大化利用可以通过"吃干榨净"——减量化、再使用、再循环的办法来实现。作为年营业收入超过 1000 亿元的大企业，如何在更大的范围，把人流、物流、资金流、能源流等要素流最大限度地利用起来？经过再三考量，张学信决定走两步棋（见图 5）。

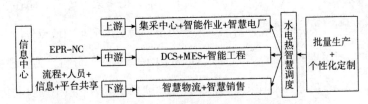

图 5 信发集团数智化建设助力循环经济路径示意图

资料来源：笔者绘制。

第一步，走信息化的路子，通过信息化整合生产经营和管理流程，优化人、才、物等资源配置。围绕信息化建设，信发集团成立了专门的信息化部门机构——信息中心。信息中心设立一名首席信息官（CIO），全面负责公司信息技术和系统。为实现集约化、数据化、远程化管理，自 2013 年开始，信发集团信息中心着手实施北京用友软件公司推出的 ERP-NC 系统。该系统应用浪潮私有云，利用动态建模工具，构建集团先进的管理体系，涵盖财务共享服务中心、资金中心、供应链、电子商务、项目管理、资产管理、人力资源、智慧物流八大领域 100 多个模块。集团先后成立财务共享服务中心、集采中心、销售服务中心等大科室，集团各公司全部部署在该系统上，使企业的物流、资金流、决策指挥系统运作平稳，全面实现了集团人财物产供销的协同管理、高效整合，使集团信息流效率大大提升，管理质量发生质的飞跃。

第二步，建设智能产业链，提高自动化、智能化和绿色化水平。在产业链上游，信发集团利用现代信息技术和智能控制系统对物料作业、发电进行数字化改造。在煤炭装卸运输仓储领

域，信发集团自主设计运行的全自动输储煤智能装卸系统，利用现代信息技术，实现了数字化配煤，采用全自动双翻翻车机卸煤，39 秒即可卸完两车，只需一人操作，就完成了原来 200 人的工作量，实现了效率和环保相统一。在发电领域，引进聚合集成世界一流的技术装备，引入欧洲斯蒂雅阁集团的性能监控和优化 EPOS 系统，大大降低了发电成本，提高了发电效率。机组采用艾默生 DCS 控制系统对炉、机、电、网、辅进行集中控制，主控室采用三机一控，每台机组只有三名工人。

在产业链中游，信发集团大力打造智能工厂。660KA 电解铝项目在设计过程中打破常规，参照电力行业控制方案、策略，与杭州和利时公司合作开发中央集控智能控制系统，将生产过程的所有环节纳入 DCS 控制系统，全厂近十万个控制点实现了 DCS、MES、NC、ERP 全覆盖，3 块电子屏、24 台电脑由一人集中控制。系统完美兼容各个厂家 DCS、单片机、PLC、ECS 等各种自动化系统，实现了全厂生产设备子系统数据采集、传输、储存、分析、反馈及远程控制、操作、中央集控的功能，解决了传统电解铝行业生产车间地点分散、各设备系统厂家不统一、信息互通困难的问题，并且通过对平台上的数据进行分析，为管理决策提供依据。该设计系国内首创，并获得两项国家专利，信发集团研发团队因此被中国自动化学会评为"中国自动化领域年度团队"。另外，对新型合金铝功能材料项目、新型碳素项目、环保建材项目均采用了最新智能控制和制造技术。

在产业链下游，积极推进"互联网＋物流"平台建设。信发集团下属公司与相关公司合作组建信息科技公司，自主开发、建设并运营集各类角色内部管理、外部协调、物流服务交易、物流过程管理和协作流程对接为一体的物流信息管理平台。自主研发了基于 AI 大数据分析的智能竞价系统，为上游货主降低了 5% 运输成本，装卸车效率提高 50%，货车空驶率降低 50% 左右。建设了监控云平台，构建了托运人—运费支付—平台—运费支付—实际承运人—后市场消费的智运生态链，实现了业务数据全程可视化。

在全产业链，信发集团对能源电力和水处理进行智能化控制，对部分产品采用个性化定制模式。在能源电力领域，成立能源调度中心。区域电网通过各厂站 PTN 通信装置和通信光纤组成调度数据网，所有机组变电站的运行参数、继电保护、稳控装置、故障录波等数据通过调度数据网上传至集团调度中心。集团调度人员可根据数据分析得出结论，从而调整电网运行、处理电网事故，保障了电网安全稳控运行。在水处理领域，无人值守的水处理中心采用艾默生控制系统，对主要设备的状态、数据进行远程实时监控，通过自动生成的历史数据库、生产报表、统计报表，可以分析产品质量、能耗指标、成本指标等，并对设备的运行和维护周期进行管理。在营销模式方面，建设的新型合金铝功能材料项目可以根据客户需求进行个性化定制，生产不同规格、不同配比的合金棒，实现了数字化管理、订单式生产。

经过近十年建设，信发集团逐步投入并运行了融销售（CRM）、计划（APS）、采购（SCM）、生产（MES）、物流（WMS）、分销（DRP）于一体的智能工厂软件系统和企业温室气体排放数据直报系统等信息化管理系统，初步完成了数字化由信息化（第一阶段）向数字化（第二阶段）的转型，目前正处于由数字化向数智化迈进的第三阶段，如图6所示。经过数字化建设，整个集团全自动化、数字化、智能化水平得到大幅度提高，循环经济发展迈入一个新台阶。

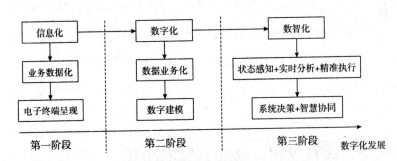

图6　信发集团处于数字化向数智化过渡的阶段

资料来源：笔者绘制。

信发集团经过数智化建设，人、财、物等各种要素资源得到优化配置，管理效率和生产效率大大提升，发展循环经济更加通畅，推动了降碳扩绿。2018年，信发集团开始探索智慧电厂专家系统，通过调研莱茵集团、斯蒂雅阁集团和曼海姆发电集团的数字电厂，最后与斯蒂雅阁集团签订了66万元6号机组的BCM智能吹灰系统和第二套性能监控和优化项目EPOS，进一步提高了发电机组效率，发电能耗和综合排放均优于天然气发电，大大降低了碳排放。信发集团投资6亿元建设绿色生态工厂，形成了"四个一"标准，即"一棵树不死，全部绿树成荫；一寸土不露，全部绿化硬化；一滴水不排，全部综合利用；一台炉不剩，全部超低排放"。高强度的绿色技术投入，支撑了企业发展的绿色品质。2020年9月，信发集团生产的砌块入选"国家绿色制造名单"；11月，荣获全国石膏行业突出贡献奖。2021年12月，信发建材产品顺利通过国家绿色建材最高星级认证，荣获"绿色建材评价标识"三星证书。集团 6 家企业获重污染天气应急减排清单 A 级企业、5 家企业获市级绿色工厂，一家企业入围"国家级绿色设计产品"。2022 年 12 月，信发集团聊城研聚新材料有限公司、茌平华旭新材料有限公司获评山东省"首批省级绿色低碳企业"，茌平信源环保建材有限公司蒸压加气混凝土砌块、纸面石膏板、蒸压粉煤灰砖荣获"首批省级绿色低碳产品（生态品牌）"称号，茌平信源环保建材有限公司荣获"山东省资源综合利用基地"称号。

在国家限制新增电解铝产能的背景下，信发集团于 2017 年实现了碳达峰。在碳资产管理领域，信发集团成立了专门的碳资产管理中心，形成了包括碳数据在线实测、数据采集、数据汇总、数据报送和碳交易在内的较为完整的碳资产数据管理体系。在张学信的带领下，信发集团碳资产管理团队认真学习碳排放政策，创造性地开展工作。早在 2018 年 10 月，信发集团对元素碳含量进行了实测，为全国碳市场第一个履约周期配额清缴提供了精准的数据支撑。2021 年 10 月取得了中国计量认证（CMA）资质，比生态环境部印发的《关于做好 2022 年企业温室气体排放报告管理相关重点工作的通知》的新规定提前了 5 个月，为 2021~2022 年的碳市场交易开展提供了资质条件。

五、两代奋斗，还看今朝，反哺农业展新颜

二十多年来，信发集团两代领导人致力于循环经济的发展，由此铸就的"信发模式"臻于成熟，正在向超循环经济迈进。所谓超循环经济是以资源、生态和价值的协同提升为目标，在遵循减量化 (Reduction)、再利用 (Reuse) 和再循环 (Recycle) 的 3R 原则上，增加再分配 (Redistribution) 和再培育 (Recultivation) 原则，形成 5R 原则。在超循环经济中，资源链、生态链和价值链自行循环、相互作用、相互催化，进而促进该超循环经济系统良性循环和共生发展，使经济系统告别"黑色"文明、"青色"文明和"浅绿"文明，向更高的"深绿"文明状态演进。如果把循环经济划分为初始、成长和绿色发展三个阶段，超循环经济就是循环经济绿色发展的高级阶段。在电解铝行业，发展超循环经济，实现能源动力资源的超循环是关键。信发集团以发展新能源为突破口，推进电源利用进一步清洁化、再生化，正在逐步探索实现电源的超循环。"十四五"期间，信发集团在建及拟建新能源总容量达 1750 兆瓦，投资约 80 亿元。

作为土生土长的农村人和成功的企业家，张学信始终怀抱着对党和政府的感恩之心，对村民的反哺之心。助推乡村振兴，产业振兴是基础，是根本。"老乡们有了稳定的就业，才能实现共同富裕。"2021年下半年，张学信决定充分利用集团资源优势，计划总投资50亿元，建设信发现代农业产业园项目，实施工业反哺农业，布局数字农业、智慧农业。该项目秉承"绿水青山就是金山银山"的发展理念，充分利用信发集团现有循环经济的优势和经验，引进了最优秀的生物技术专家，采用了最先进的智慧种植和管理系统，致力于打造为国内首个三产联动、双园共创、实现零碳目标的现代生态循环农业示范园区。由此，信发集团循环经济的产业链进一步延伸，三产循环融合助推乡村振兴和共同富裕的美丽梦想渐行渐近。

望着建成的一排排高标准的智能化樱桃种植示范设施大棚和玻璃温室草莓种植大棚，以及露天土地上热火朝天建设新大棚的村民们，张学信仿佛回到了过去没日没夜扎根工地的激情岁月，浑身充满了力量。还看今朝，今昔胜往昔，循环经济在信发集团又有了新的用武之地。

启发思考题：

1. 什么是外部成本内部化？信发集团发展循环经济属于外部成本内部化吗？

2. 围绕循环经济，信发集团是如何整合资源形成生态产业链的？信发集团为什么要把发展循环经济作为企业战略？

3. 信发集团数字化是如何促进减污降碳，推动循环经济发展的？

4. 循环经济的类型有几种？信发集团的循环经济属于哪一种？与传统循环经济模式相比，信发集团的循环经济探索有哪些新突破？

3

人力资源管理

如何激发员工开展内部创业：

韩震的尝试和探索 ①

摘要： 随着商业环境的不确定性日益增强，激发员工开展内部创业成为当前不少企业谋求发展和增长的重要手段。近年来，鼎好餐饮集团创始人韩震以"事业共创，成就共享"为企业宗旨，不仅自身不断识别和开发创业机会，而且通过不断打造和优化内部创业环境激发了员工开展内部创业的激情，进而推动了企业的持续发展和增长。本案例以三个典型内部创业项目为例，描述了鼎好集团在不同时期推动和实施内部创业的背景和过程，以及鼎好集团创始人韩震在此过程中所展现出来的领导风格。本案例希望学生能在实际项目背景中总结和提炼出：①韩震所采取的这种领导风格类型的概念内涵及其特点是什么？②采纳这种领导风格类型的驱动因素有哪些？③采纳这种领导类型风格面临哪些挑战？④这种领导风格类型发挥作用的机制是什么么？在此基础上，进一步启发学生思考怎样培养和选拔具有这种领导风格类型的领导者。

关键词： 领导风格；内部创业；创业机会

How to Motivate Employees to Carry Out Intrapreneurship: Han Zhen's Attempt and Exploration

Abstract: With the increasing uncertainty of the business environment, motivating employees to carry out intrapreneur has become an important means for many enterprises to seek development and growth. In recent years, Han Zhen, founder of Dinghao Catering Group, has taken "co-creation of career and sharing of achievements" as the tenet of the company. He has not only constantly identified and developed entrepreneurial opportunities, but also stimulated the passion of employees to

---

① 本案例由山东大学管理学院蔡地、胡尊朔、孙涛，鼎好集团韩震、孔维秀撰写，经中国管理案例共享中心授权使用。由于企业保密的要求，在本案例中对有关名称、数据等做了必要的掩饰性处理。本案例只供课堂讨论之用，并无意暗示或说明某种管理行为是否有效。

carry out internal entrepreneurship by constantly creating and optimizing the internal entrepreneurship environment, thus promoting the sustainable development and growth of the company. This case takes three typical intrapreneur projects as examples, describes the background and process of promoting and implementing intrapreneur in different periods of Dinghao Group, as well as the leadership style of Han Zhen, founder of Dinghao Group, in this process. In this case, students are expected to summarize and extract from the actual project background : ① What are the conceptual connotations and characteristics of the leadership style adopted by Han Zhen? ② What are the driving factors for the adoption of this leadership style type? ③ What are the challenges of adopting this leadership style? ④ What is the mechanism through which this type of leadership style plays its role? On this basis, it further inspires students to think about how to train and select leaders with such leadership style.

Keywords: Leadership Style; Intrapreneurship; Entrepreneurial Opportunities

案例正文：

如何激发员工开展内部创业：韩震的尝试和探索

引言

2020 年 6 月 12 日上午 9 点，济南城花园路上一家名为"三颗枣"的店前人头攒动，时不时地响起一阵阵掌声，一位身材高大、说话时总带着憨厚笑意的山东大汉正在慷慨激昂地发表致辞："突如其来的疫情打断了我们的愿景，打断了鼎好未来的方向。但我们众志成城，依然逆势生长[①]，只用 35 天的时间就实现了"三颗枣"品牌首店的开业……"

讲话的人是山东鼎好餐饮集团的董事长韩震，今天是鼎好餐饮旗下"三颗枣"品牌首店开业的日子。疫情之下，餐饮行业受到重创，鼎好却能扭亏为盈甚至扩大规模，这是怎么做到的呢？面对人们心里的疑问，韩震继续说道："我们用十年的时间做股权激励，做内部创业合伙，做自组织建设，'三颗枣'就是在十年内生的过程当中外长出来的内部创业项目。"成功并非一蹴而就。近些年，韩震一直在思考如何通过内部创业激发员工的自主性和积极性以提高公司应对不确定性的能力。所谓内部创业，是由一些有创业意向的企业员工发起，在企业的支持和赋能下，承担企业内部某些业务内容或工作项目，进行创业并与企业分享成果的创业模式。要想实现内部创业，就要从员工意愿、员工能力和利益风险机制三方面进行统筹设计。通过分享经营成果，他坚定了员工对公司的信任；通过内部创业合伙人，他激发了员工的创业意愿；通过自组织建设，他健全了创业的机制。如今，整个鼎好集团上下洋溢着"人人想当店长、人人敢当店长、人人能当店长"的气氛。

在庆典的最后，韩震规划了"三颗枣"项目未来的蓝图："在未来的十年内，我们要将'三颗枣'的模式不断复制，突破地域的限制，帮助更多的人实现创业梦想，带领大伙儿一起

[①] 鼎好依托内部创业项目形成的组织流程、机制和氛围，实施了一系列变革，在短时间内走出危机，并在 5 月实现了单月扭亏为盈，全年现有门店利润增量 43%。

成功,今天首站就在这里乘风起航。"顿时又是掌声雷动。庆典结束后,韩震又陷入了沉思:要想实现这个宏伟的目标,只靠我一个人是不够的,还要培养一批有想法、敢冒险、肯作为的领导者才行,这是个巨大的挑战啊……

一、韩震其人

1975 年 1 月出生于山东济南的韩震,身上有着"70 后"理想且务实的典型特点,同时因为从小受到父亲乐于助人的影响,韩震也是一个出了名的热心肠。1993 年,刚满 18 周岁的韩震因伤病结束了职业运动员生涯,离开了他热爱和奔跑的田径场。这对一直拥有金牌梦想的韩震来说是个不小的打击,但多年的职业运动员经历塑造了韩震不服输、有韧劲的品质,他很快走了出来。现在再谈起这段经历的时候,他的眼里已经没有了当初的伤痛:"我是运动员出身,最大的特点就是不服输,能坚持,有韧性。"

自 1993 年下半年开始,韩震积极另谋生路,开始了自己人生"再创业"。韩震是属于典型的干一行爱一行的性格,做任何事都充满热爱和激情。刚退役时,他摆过地摊、做过门卫,但不管怎样,他都要做出成绩。后来,进入一家酒店做行政工作,韩震的踏实肯干和尽职尽责给老板留下了印象,先后被调到人事部和酒店筹备部,最后从主管升任总经理。酒店管理工作干得顺风顺水,但韩震觉得遇到职业"瓶颈",于是萌生了个人创业的想法。

1999 年,韩震所在酒店集团的几位大老板观念上产生分歧,集团解散,韩震也随之失业。失业之后,韩震没有再继续找工作。酒店管理者的经历不仅帮助韩震积累了一批资金,而且还培养了其自身的管理能力,让韩震感觉创业时机已经成熟。不久后,韩震信心满满地创建了几家餐馆。这几家餐馆却并未像他设想的生意火爆,而是一直亏损,将他多年积攒下来的 100 多万元赔得血本无归,外加几十万元的外债。这次失败不仅让韩震意识到创业不是一件容易的事,而且也让他明白了自身的不足:①格局小,站得不高,只注重短期利益,没有长远眼光,例如灯坏了,会换最便宜的,短期内节省了成本,但却影响顾客体验。②没有关注时代背景和政策趋势,只看自己的小市场。企业命运和国家发展是休戚相关的,1999~2002 年正是金融风暴的年份,整体经济形势并不景气。如今韩震再看这点也是十分认可,并说道:"创业就是要看大环境,看政策趋势,其实创业就是走势。"

尽管初次创业失败，但是韩震并不服输，积极寻找东山再起的机会。2002 年，韩震原本带着考察汽车市场的想法去到长春，却激动地发现了另外的市场机会——长春王记酱骨加盟店。机不可失，于是韩震立即返回济南，东拼西凑凑够了 60 万元加盟费，真正的破釜沉舟。这一次韩震凭借自己敏锐的直觉和冒险精神抓住了机会。2002 年 12 月，韩震的新餐厅开张半年就收回成本。此后一直加盟王记酱骨，最多时有 3 家加盟店。直到 2008 年，韩震关注到国家政策和外部环境的变化，决定自创"鼎好"品牌，并将原来的加盟店全部升级，真正踏上了创业的快车道。

鼎好餐饮在韩震的带领下逐步从小饭店发展为大集团，公司发展至今旗下共有"鼎好家常菜""鼎好匠骨""家鼎好""三颗枣"四个自有餐饮品牌，总营业面积近 2 万平方米，年经营收入近亿元。更为重要的是，在韩震的带动和影响下，点燃了公司近千名员工的创业热情和激情，进而在内部营造一种浓厚的创业氛围。

二、事业同创，成果共享

1. 培养信任：鼎好门店项目

2008 年，改革开放 30 周年，国家明确提出鼓励大众化餐饮发展并出台了一系列举措，在餐饮领域多年的经历使韩震预见到，目前大众化餐饮服务依然存在不够方便、不够卫生、不够实惠的问题，随着上述问题的解决，大众化餐饮经营发展的空间将进一步扩展。这是利好的一面，不过凡事都有两面性，随之也会有更多的餐饮品牌进入这一市场，竞争将更加激烈，而品牌在企业未来竞争的重要性将得到凸显。更为棘手的是，目前王记酱骨在济南市场吸引力已经开始下降，韩震当即决定放弃加盟，创立"鼎好"品牌。并且，做加盟店带来的资源积累和门店管理能力的提升，也让韩震更加有信心推出自有品牌。

2008 年 5 月，韩震推出"鼎好"这一品牌，并将原有的 3 家王记酱骨加盟店逐步升级和改造成鼎好门店，仍然定位于大众化餐饮市场，主打注重品质和服务的正餐板块。当然，做自有品牌远没有想的那么简单。整个运营管理体系都要发生变化：在业务端，不仅需要重新设计菜品和门店环境，还要调整相应的供应链体系；在管理端，初创鼎好还处在无制度、无文化、无管理的"三无主义"时期。韩震深知，虽然自己在餐饮行业从业多年积累了很多经验，但是经营出现的问题还是让他感到心有余而力不足。要想解决好上述问题还得需要靠调动广大员工的积极性，当时韩震觉得多给员工发奖金，可以提高员工的积极性，事实上，早期阶段韩震确实是这样做的，也取得了一些成效。

2008~2012年，韩震用四年的时间带领"鼎好"重新建立一套运营管理体系，并步入了正轨，在济南的餐饮市场中有了自己的一席之地。然而，韩震却没为此感到兴奋。彼时，鼎好的管理是传统职能制，而且更偏管控型的，由总经理负责整个公司的运营。他发现，随着公司规模的扩大，被审批类工作牵扯太多的精力，甚至连采购矿泉水这种如此小的事情都需要他的亲自审批。更让韩震感到不解的是，即便这样，门店的利润率也并没有明显的提升，员工对于怎么增加营收、减少成本并不关心，怎样才能调动员工的意愿，唤起员工的热情呢？韩震在一次外出学习交流的过程中，他接触到了股权激励，并隐约感觉到，这可能是解决当前"鼎好"所面临问题的有效手段。所谓股权激励，就是通过附加条件给予员工部分股东权益，使其具有主人翁意识，从而与企业形成利益共同体。

为了调动员工的积极性和热情，进而在企业内部营造一种利益共享、风险共担的氛围，韩震在设置股权激励进出机制的时候创造性地选择了以内部创业的形式进行，具体形式是通过公司和店长合伙开店经营，盈利一起分成。这样一来，门店的积极性一下子就上来了。他们不仅努力为顾客提供服务，增加营收，而且还想方设法地降低门店的成本。半年后，当员工拿到第一笔分红时，公司上下对股权激励的质疑全都消失了。加上之前韩震通过年终奖金、免费分房配车等福利奖励部分员工，整个公司形成了一种"我为公司，公司为我"的氛围，大家的热情和激情都被点燃了。

在这之前，"鼎好"是通过竞聘制选拔门店店长，实际上是一种偏自上而下的管控机制，店长的积极性和自主性只能得到一定程度的释放。而现在，店长无疑有了更大的舞台。"之前让我自己管理一个店的时候还担心自己做不好，现在完全不会了，管理一个新店也没有问题。"一位鼎好的店长说道。这也是韩震所希望看到的，不仅减轻了他在一些日常运营事务上的时间投入，也能够让各个门店更有活力。

在随后的几年中，鼎好各门店的营业收入普遍增长了20%~30%，个别门店甚至能够达到50%。更关键的是，韩震感受到这个过程中也培育了员工自主经营和承担风险的意识和能力。看着这份答卷，韩震感到非常满意。

2. 激发意愿：大厂房项目

在韩震创立"鼎好"的初衷里，除了希望能开拓一番个人事业，他更希望带领与他一起奋斗的员工共同成功。韩震认为，创业就是实现个人成功和社会创富的重要手段。更为关键的是，通过"鼎好"门店项目的摸索和试验，韩震发现为调动员工积极性而采取的种种举措，尤其是以内部创业的形式进行的股权激励，在"鼎好"内部"共创共享"一时蔚然成风。欣喜之余，韩震心里逐渐萌生了一个更大胆的想法。

2014年，对创业机会有着敏锐感知的韩震觉察到餐饮市场似乎在发生着变化。"80后""90后"成为新的主力消费群体，消费需求朝着时尚化、年轻化、个性化的方向转变。但鼎好当前以正餐为主的门店显然是无法满足这部分市场需求的。在外出考察的过程中，韩震留意到了当时各种火热的时尚餐厅。回到济南之后，一个大胆的想法冒了出来。这一次，他想要拓展一项全新的业务——大厂房星座主题餐厅（详见附录二，以下简称"大厂房"）。原来，韩震这一次客户群体的定位是20~30岁的年轻群体，并且以星座文化为切入点。但是，骨子里爱冒险的韩震显然低估了这其中的难度。

第一，从经营方面，这种类型的餐饮相对于传统模式而言业务范围和产品多样化程度更高，产品、环境更新和创新速度要求更快，而且年轻消费群体更加注重体验，这无疑需要企业加快迭代和升级，员工更加灵活和创新。第二，从管理方面，"鼎好"虽然有"共创共享"的创业风气，但是实际上尚缺乏相应的流程机制和创业保障措施，何况这次的新业务并非在所擅长的领域内。而且员工普遍学历水平不高，大家更多是感觉"心有余而力不足"。对此，有着丰富创业经验的韩震也能理解："既然大家心里都没底，我们首店就由公司直投做起来，建立起完整的开店流程和标准，等盈利了之后再让大家跟着进来。"于是，2014年，第一家"大厂房"由公司直投创建，因为业务模式很好地满足了市场需求，很快便进入盈利阶段，这也打消了员工的顾虑。

之后，韩震想继续巩固和加强"鼎好"形成的良好创业风气，同时扩大内部创业的范围，让更多员工参与进来，于是决定继续采用股权激励扩大化即众筹开店的模式。众筹开店，预期筹资金额100万元，当天却筹资到了近200万元，结果出乎了所有人的意料，"鼎好"内部创业风气和创业氛围之强可见一斑。虽然初期效果不错，但是这种模式实际上为大厂房项目埋下了隐患。一方面，是因为这种模式更加注重激励而非赋能，股权激励有其适用性和局限性，并不能从根本上提升门店经营能力。另一方面，由于众筹模式的融资特点，股东承担门店的经营压力和责任相对较少，导致门店的积极性严重下滑。

在大厂房的日常经营中，韩震也给予了员工充分的信任和授权。鼎好的高管层只负责事前的管理，在门店开业前制定完整的业务管理流程以及标准作业程序（Standard Operating Procedure，SOP），门店日常经营决策权都是下放到门店管理团队，门店管理团队有很大的自主性和控制权，真正地让员工"拥有一家自己说了算的店"。但让韩震始料未及的是，门店的抱怨依旧如期而至——只不过不是抱怨门店的问题，而是抱怨中后台的人员支持不到位。这是怎么一回事呢？原来从上个项目做股权分红开始，激励的范围就只是前台的门店，对于"鼎好"中后台的员工队伍，还是传统的绩效激励，但他们却掌握着更大的权力（管理权、设计权）。这种责权利之间不对等的问题也就成了一个隐患。

公司中后台机构臃肿，管理效率低下，审批流程长且慢，跟不上门店发展的速度。为了激活中后台，更好地支持门店发展，韩震提出"去集团化、去中心化"，实行内部交易的市场化，让各个部门找到自己的价值——"这个部门的客户是谁？要找到并把自己的产品卖给客户。例如，设计部设计的菜牌，要销售给门店才能获得收入，给部门员工发奖金。"而与前端门店关联更密切的中台营运中心的人直接和门店进行利润绑定。这种支撑和赋能机制的变化实现了部门与部门、部门与门店之间"权责利风"的对等。效果是明显的，从前台到中后台创业的氛围日渐浓厚。

不过，众筹模式开店带来的弊端也逐渐显露——"分红的人多，干活的人少"，门店的积极性不升反降。为了克服这一弊端，但是同时又不想放弃合伙开店这条路径，于是韩震在接下来创办的大厂房店中进行了一系列的调整和优化。最终在大厂房后期，确定新的模式——由公司出资 70%，剩余 30% 由店内员工共同投资，将公司的利益和门店员工的利益绑定在一起，韩震把这种方式叫作"内部创业合伙人"。这样既能够激发员工的积极性，也避免了利益分配不公平的弊端。而且经过实验，也是基本可行的，尤其是门店管理团队的积极性被重新调动起来。短短几年时间大厂房就开到了 4 家店，之后又做起了加盟的形式，顶峰的时候拥有 10 家大厂房门店在营。

从 2014 年到 2018 年，大厂房项目一路向好，员工意愿越来越强，各种机制逐渐完善，门店活力不断提升。不过，这段时间一直注重内部组织建设的韩震却没有意识到外部环境的变化，同样是这几年的时间，当初大厂房刚创办时的消费主体已经发生了变化，新的消费主体带来了新的需求，大厂房逐渐被很多后起之秀超越。此外，加之大厂房项目早期过度依赖股权激励，后期一直在调整机制和流程，错过了门店扩张和发展的最佳机遇期。这些因素最终为大厂房的发展画上了句号。

到 2019 年，大厂房的所有门店基本都已关停。尽管如此，韩震并不想让员工吃亏，以几年认购几年退或者置换的方式将员工在大厂房中的投资全部退回。事后回忆起来，韩震说："整个大厂房项目最后算下来基本上是盈亏平衡。没亏也没赚。"虽然整个大厂房项目周期并不能算成功，但韩震却在这个过程中培养了一批具有创新想法、敢打敢拼的前端门店人员和中层管理人员，并且摸索出了适合"鼎好"的内部创业模式。更重要的是，韩震以大厂房项目为依托，进行了持续的组织流程和机制梳理，理顺了内部各方的责权利，也积累了管理新旧业务的经验，这对鼎好后期的发展是至关重要的。

3. 内部创业："三颗枣"项目

2018 年，正值鼎好集团成立十周年。在这十年间，韩震知道所有的内部创业机制都是自己带着员工一步一步探索出来的，有成功，也有失败。在之前的创业项目中，韩震通过股权激励激发员工的创业动机和意愿，营造了"共创共享"的创业文化；通过对门店店长实行轮换制、竞聘制，不断提升员工能力。虽然大厂房项目并不能称得上成功，但其主要原因是外部市场环境的变化导致业务板块全面下滑，并不是经营或管理问题。并且在整个项目周期中，员工创业的文化氛围和创业合伙的模式不断完善，完成了自组织平台的赋能建设，也设计了相关制度降低创业失败的风险，减少员工的顾虑，员工的创业热情和积极性并没有受到太多的影响。反而在公司形成了一种"鼓励成功，包容失败"的氛围，员工现在都跃跃欲试，希望能够尝试新的机会，因此，寻找新的内部创业项目就提上了日程。

在随后的一年里，韩震和"鼎好"高管一直在积极识别和捕捉外部机会，经过对全国尤其是"鼎好"所在地济南餐饮市场的调研后认为，一方面，生活节奏加快，时间成本提高等原因使快餐行业飞速发展；另一方面，随着生活水平的提高，消费者对食品品质、安全的要求越来越高，想获得正餐的安全和品质。为了更好地满足消费者的需求，提出了"快餐正餐化"——快速、高质量、高性价比地解决自己的一餐，并开辟了全新独立的餐饮板块"三颗枣"，想要在济南的快餐市场闯出一片天。但快餐和正餐是两种不同的经营逻辑，在成本控制、门店设计和菜品研发方面都有着不小的挑战：第一，从成本控制来看，相较于正餐的特色和个性化，快餐更强调快速、标准化，门店规模相对较小，因此对成本控制提出更高的要求。以餐饮设备为例，需要在各个门店配置统一、标准化的餐饮设备，但由于"鼎好"现有的快餐规模体量小，其上游厂商并不会为其单独进行设备的研发和批量供应，每开一个店要购置一次设备，成本自然也就水涨船高。第二，从门店设计来看，"三颗枣"项目主打的理念是"好吃干净"，其门店环境也要足够的干净整洁，所以在店面的设计上也要下一番功夫。第三，从菜品研发来看，想要以快餐的形式打造出正餐的体验，菜品质量和种类无疑扮演着重要的角色，要能够在合理的价格区间内提供不输于正餐菜品的品质，这也考验着"鼎好"的菜品设计能力。

但再大的挑战也不能阻挡韩震带领员工开展内部创业的决心。除了决心之外，这一次，他专门成立了"三颗枣营运中心"，独立于之前的"鼎好营运中心"，全方位负责"三颗枣"这个项目的运行，并且从公司政策、组织机制和文化氛围等多方面全面发力。首先，在组织机制方面，沿用大厂房项目中沉淀的内部合伙人模式和自组织平台，如果想要获得门店的经营权，负责人需要自行组队参加竞标，优胜团者将成为内部创业合伙人。其次，一些鼓励内部创业的制度也更加完善，公司会为内部创业的员工提供从企业文化到具体日常经营管理的系统培训，并对创业团队充分授权，"三颗枣"新店的选址、店面的设计等都由创业团队自己负责。对于员工最为关心的"如果我创业失败了怎么办"这个问题，"鼎好"规定，创业失败的员工仍可以回原岗位并晋升一级。这也让员工心里更加有底。最后，在文化氛围上，"鼎好"塑造了一系列仪式和活动，比如通过每年的创业大会对优秀的员工进行表彰，将内部创业的影响触达到了每位员工的内心，"共创共享"的氛围得到进一步加强。

通过三个月的试运行，再次证明，韩震和"鼎好"的选择是对的，"三颗枣"的市场认可度非常高，更为重要的是，"鼎好"离"事业同创，成就共享"又近了一步。

三、尾声

回忆着自己一路走来的经历，从最初一个人的创业梦想到现在一群人的创业梦想，韩震感到非常欣慰。"三颗枣"首店开业无疑给了他坚定的信心。"今天可真是开了个好头啊。"他感叹道，耳边似乎又响起了方才阵阵的掌声……一阵急促的电话铃声打断了韩震的思绪，将他拉回现实，是助理和他约定新"三颗枣"门店运营会议的时间。现在"鼎好"前进的脚步却越来越快，不到一年的时间，就已经有 8 家新的门店准备开业，忙完首店的开业仪式，韩震便要马不停蹄地投入到下一次开业准备中。因为韩震心里清楚，时间不等人，虽然新店开业的效果不错，但严峻的内外部环境却容不得他有半点松懈。

一方面，济南的快餐领域已经有了不少的竞争者，这些企业在供应链等方面的优势是现在的"鼎好"无法比拟的，想要在餐饮市场中立足，"三颗枣"还有很长的路要走。另一方面，要想帮助更多的人实现创业梦想，只靠"鼎好"现有的培养体系是不够的，这也是让韩震感到最为困扰的。通过"三颗枣"的"快餐正餐化"的打法，韩震相信其最终可以取得成功，但是如何在这个过程中培养和选拔一批像自己这种领导风格的领导者带领"三颗枣"发展壮大呢？韩震陷入了沉思……

启发思考题：

1. 案例中，韩震采取了一种什么样的领导风格？这种领导风格与变革型领导、魅力型领导有什么异同？

2. 请结合案例分析，哪些因素驱动韩震采取了上述领导风格？

3. 请结合案例分析，韩震在推动"鼎好"内部创业的过程中遇到了哪些挑战？

4. 为了有效应对这些挑战，韩震采取了哪些措施？这些措施又是如何发挥作用的？

5. 案例中，韩震的领导风格是可以培养出来的吗？

附录一 鼎好内部组织架构图

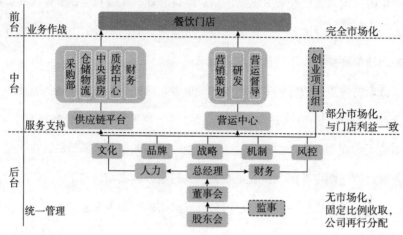

资料来源：鼎好集团。

附录二 鼎好员工内部创业项目——大厂房项目

大厂房星座主题餐厅隶属于山东鼎好餐饮集团，以"12星座"为主题，并加入了文艺和怀旧元素，吸引了一大批"星座控"。大厂房星座主题餐厅主要是视觉的感官，包括随意涂鸦、怀旧物件等，从进入餐厅到餐厅的每个角落的细节布置都有星座的装饰。

在大厂房项目中，韩震在设置股权激励进出机制时创造性地选择了以内部创业的形式进行，具体形式是通过公司和店长合伙开店经营，盈利一起分成，极大地调动了员工的积极性，提高了经营效益。

见微知著：

太平圣乔治物业服务有限公司员工激励之道 ①

摘要： 聊城市太平圣乔治物业服务有限公司是一家社会化、专业化的物业服务企业。面对新时代发展的要求，公司为提升核心竞争能力，拟建设科学的激励机制。本案例通过保洁部员工"三八"妇女节礼物前后变化，安保部员工得到上级认可并被委以重任，主动发明"拖车器"，以及财务部员工因为不一样的春节礼包带来的"不公平"感三个事件，描述了公司的各种员工激励的方法，以及由于激励不当而带来的问题。最后，集团总裁高庆民提出下一步工作要求，如何从顶层设计出发建立适合的激励机制。

关键词： 物业服务；双因素理论；公平理论；激励机制

A Straw Shows Which Way the Wind Blows: Incentives of Taiping St. George Property Service Co., Ltd.

Abstract: Liaocheng Taiping St George Property Service Co., Ltd. is a socialized and professional property service enterprise. Facing the requirements of the development of the new era, the company planed to build a scientific incentive mechanism to enhance its core competitiveness. Based on three stories told in the annual human resources conference: Change of Women's Day gifts, one security department employee's active invention of "Electric Car Trailer" after getting higher recognition and promoted, as well as the "unfair" feeling of financial department staff caused by different Spring Festival gifts, this case describes the company's various incentive practices and problems encountered. Finally, Gao Qingmin,

---

① 本案例由聊城大学商学院马斌副教授、2018级本科生袁坤以及壹街区集团总裁高庆民共同撰写，经中国管理案例共享中心授权使用。由于企业保密的要求，在本案例中对有关名称、数据等做了必要的掩饰性处理。本案例只供课堂讨论之用，并无意暗示或说明某种管理行为是否有效。

president of the group company, put forward the next work requirements about how to establish a suitable incentive mechanism from the top-level design.

Keywords: Property Service; Equity Theory; Two-factor Theory; Incentive Mechanism

案例正文：

见微知著：太平圣乔治物业服务有限公司
员工激励之道

引言

春节是中国人心目中最重要的节日，在春节，人们欢聚一堂、贴春联、放鞭炮、吃饺子、走亲访友、互相拜年……以各种各样的风俗和仪式庆祝新年。2021 年春节来临之际，华建壹号观邸小区的居民纷纷忙碌起来，准备着过年所需要的各种物资，尽管天气十分寒冷，但过年的气氛一天比一天浓烈。

太平圣乔治物业服务有限公司是华建壹街区集团全资子公司，公司自成立以来，每年年底都会开年会总结一年来的工作与来年的展望，今年正好是物业公司的第六次年度总结大会，集团总裁高庆民早早来到了会场。

一、公司简介及行业背景

1. 公司简介

聊城市太平圣乔治物业服务有限公司成立于 2015 年 4 月 17 日，是华建壹街区集团下属子公司。注册资金 100 万元，是一家社会化、专业化的物业服务企业。

自 2015 年成立服务第一个项目开始，六年来公司服务管理面积已达 100 余万平方米。服务项目有政府办公楼、学校、写字楼、高档住宅小区、医院等。服务管理的华建壹号观邸项目连续被评为"物业管理示范项目""市级园林式小区"。自 2019 年起，连续获得聊城市物业行业 3A 企业荣誉称号。公司积极响应并落实省级"红色物业"建设工作要求，于 2020 年 6 月成立党支部，践行党建引领物业服务工作。

自公司成立之日起，太平圣乔治物业服务公司本着"细节决定成败，态度决定一切"的服务宗旨，在服务方式上以"管理融于服务，服务体现管理"的方式，树立了"服务一个项目、树立一个标杆""以人为本——人性化管理"的经营理念，提出了"一对一英式管家服务"的模式，以实实在在的管理，真心诚意的服务去服务好每一位业主，管理好每一个角落，脚踏实地去体现物业服务人的价值。

公司总部设综合办公室、财务部、品质部等职能部室，现有员工 181 人，拥有一支专业化的管理队伍，部门经理以上管理人员 12 名，其中中级职称以上管理人员 2 人，物业师 2 人，均具有中专以上学历（见表 1）。为提高公司管理水平，2017 年公司与聊城大学商学院达成教学培训合作意向，由商学院老师定期进行企业管理知识培训。2018 年与山房教育中心签订企业对标培训协议，完善和提升整体员工专业化水平，2018 年公司顺利通过国际质量三体系认证，这标志着公司的管理水平得到了进一步的提升和规范。2019 年取得公司商标注册证书。2021 年公司获得山东省住房和城乡建设厅授予的"品牌建设典型示范案例"，所服务的华建壹号观邸小区同时荣获"品牌建设质量标杆项目"称号。2021 年 12 月底，顺利通过 2021 年度山东省工程建设"泰山杯"奖（装修物业）现场评审。

表 1　太平圣乔治物业服务有限公司人员构成情况 [①]

人员构成	总数	性别		婚姻		职称					学历						年龄			
		男	女	已	未	高级	中级	助理	员级	无职称	研究生	本科	大专	中专/中技/高中	初中	小学	29岁以下	30~39岁	40~49岁	50岁以上
总经理	1	1		1			1					1						1		
副总经理	1		1	1			1						1					1		
部门经理	4	2	2	3	1					4		1	3					4		
项目经理	6	5	1	5	1			1		5			1	5				6		
项目副经理	1	1								1				1					1	
主管	12	10	2	12						12			10	2				9	3	
员工	156	81	75	154	2					156			21	16		119	4	30	31	91
总数	181	100	81	176	4		2	1		178		2	36	24		119	4	51	35	91

注：截至 2022 年 3 月 31 日。

① 自制图表，自制于 2022 年 4 月 18 日。

为提升物业服务品质，公司积极参与了主管部门组织的各项社会活动，特别是文明创建工作，严格落实主管部门提出的"三会三公开"的工作方针。除在园区主要项目位置张贴物业服务内容、收费标准等基础公开项目，建立每季度一次的"业主恳谈会"制度，设立"物业开放日""项目经理接待日"等，进一步提高物业管理的透明度，提升业主自我管理的参与度。通过一系列措施，2020年12月在市主管部门举办的市城区物业服务征询活动中，业主满意度达90%以上。在服务过程中，公司始终坚持诚实守信，连续多年获得"守合同重信用单位""市级放心消费单位"等荣誉称号。

2. 行业背景

深房集团于1981年成立了中国第一家物业管理企业，标志着我国物业管理行业的诞生。伴随着我国经济发展和房地产行业快速崛起及国家有关行业法律法规的相继出台，物业服务行业得到了迅猛发展。

（1）萌芽期（1981~1992年）。20世纪80年代物业管理最早从香港传入到内地，最先进入深圳，其标志是1981年第一家专业物业管理公司成立。90年代物业管理由南向北迁徙，青岛、北京等城市已经开始接触物业管理的思想，意识到物业管理是社区生活的必需品。

（2）混沌期（1992~2003年）。这一时期物业管理公司如雨后春笋般涌现，注册物业公司很简单，很多开发商自己开发的小区就自己管，但是没有形成统一标准，导致了无序发展的局面。

（3）成型期（2003~2013年）。这一阶段逐步建立了各项管理规则，2003年6月，国务院公布了第一版《物业管理条例》，还陆续推出了物管细则，如业主大会、业主委员会章程等很多与物业管理相关的管理规则，还包括物业定价标准、服务标准等一系列的法律法规。

（4）困惑期（2013年至今）。大量非标准物业人普遍进入该行业，物业管理进入了一个模式革新时期，一种新的以谋求入口转化为主的物业管理模式开始挑战传统的以物业管理费为生的模式，物业管理向物业服务转型。

近年来，随着房地产行业及三四线城市的快速发展，房地产行业纷纷试水物业服务，越来越多的知名房企及物业企业涌入。作为四线城市的山东聊城1997年10月成立了第一家物业服务企业，标志着聊城市物业服务开启了专业化、标准化、社会化的建设道路。在二十几年的发展过程中，聊城市物业管理综合水平有了显著的提升，所服务的物业类型也由单一住宅向医院、学校、政府办公楼等多种物业类型转变。2005年聊城市物业管理协会成立，行业管理更加规范，物业服务企业逐渐在政府文明城市创建、和谐社会建设、下岗再就业等方面发挥着越来越重要的作用。截至2020年底，聊城市物业服务企业共计300多家，管理服务面积5000万平方米，从业人员2万余人。

二、人力资源管理提升年会

一声轻咳打破了会议室的寂静，各部门的经理不约而同地将目光聚集到华建壹街区集团总裁高总身上。

高总翻阅着年会前各部门汇总的公司问题和建议，说道："咱们公司成立已有六年，有得也有失，称得上是经历过风雨的洗礼。今年年会的主题是公司人力资源管理总结提升，这是目前各部门反映比较多的，所以接下来请各位分别汇报自己部门的员工在管理上的具体情况，特别是有哪些经验和教训，越具体越好，借此也了解一下各部门的员工表现情况，探讨一下明年人力资源管理工作完善和改进的办法。"

1. "三八" 妇女节的礼物

听了高总的话，各位经理思考了片刻，公司保洁部的刘文淑率先发言说道："大家先思考一下，我先抛砖引玉，讲一下咱们保洁部的一件事。咱们保洁部有名叫王静的员工，她是属于比较精明的类型，遇事喜欢计较，经常在工作之余发表一些负能量的言论，埋怨公司这不行那不行，哪里哪里不如其他公司。

大家也知道，保洁部平时工作很辛苦，也比较单调，而且员工年龄基本上是40~50岁，为了提升大家的工作积极性和团队凝聚力，'三八'妇女节前期我向物业公司王总经理作了专门汇报，也和相关部门进行了充分沟通，给保洁部的员工们争取到了一些节日礼物，也就是一些实用性强的日常用品，例如洗衣液、护理液、面纸等，虽然价值不是很高，但都是实用品。由于礼物费用在公司的计划支出之外，预算又十分有限，但是在妇女节这样特殊的节日里，我想这些礼物是给女员工们的节日心意，这批实用性的用品有着'礼轻情意重'的作用。

妇女节当天，王静来到公司，进门看见办公室堆着的日用品，听到其他员工说是发给大家的妇女节礼物，她脸上的表情顿时就不一样了。我把所有员工召集在一起，向她们解释了这次为大家争取到的妇女节礼物，公司一直在努力提升员工的幸福感，公司的发展离不开每一个员工，希望能和大家一起把工作做得更好。

经过了这次妇女节，能够明显觉察到王静很少再开口抱怨了，虽然并没有表现得特别积极主动，可是至少不会再像以前那样总是传播负能量，她能够安心工作，按时保量地完成各项工作任务，7月还获得了月度进步奖。所以我觉得像这样类似的节日给员工发放一定节日礼物，能够在一定程度上提升员工的工作积极性，以上就是我代表保洁部给大家分享的事例和心得。"

2. 锁着的车子"动"起来

会议室的掌声落下后，保安部的经理接着说："刘姐讲的这个事例对我来说很有启发，有时候一句话、一件事可能就会对员工起到意想不到的激励作用。现在我来讲讲我们保安部的一件事。保安部的现任二班班长马东是个勤劳能干的小伙子，当时保安部还缺一名班长的职位，有几名员工在竞争这个位置，那个时候我的想法是，虽然马东年纪小，而且来公司的时间也不长，但是这个小伙子平时对工作非常负责，更重要的是工作积极主动，对业主真诚服务。所以我专门找他沟通，建议他把握住这次竞聘的机会，虽然能看出他不太自信，但在我的鼓舞下他参加了班长竞聘，选经过公开竞聘，马东果然脱颖而出。我相信他能干好，他的态度也和我想的差不多，也愿意全力把这个工作干好。"

保安部经理接着说："正当我和马东沟通的时候，保安部几个员工招呼都不打就进来了，坚决不同意马东当班长，老张还对马东吹胡子瞪眼说一个刚来保安部的小毛孩子能干好什么班长，其他几个老员工也不大服气，觉得马东没多少工作经验，不熟悉小区环境，没法胜任班长职位。我耐心地跟他们解释后，这几名员工持着怀疑的态度不情愿地走了。这时我发现马东眼角有些湿润，但他谢谢我对他的信任，一定不辜负我对他的期望。

从这一天开始，马东工作更加积极主动，每天都比其他员工提前半小时来到值班亭，各种活争着干，过年过节主动值班。马东还根据二班人员特点制定了更加人性化的值班表和巡逻路线，往后一段日子，马东这个班长当得也算平稳，虽然有几名员工还是不服气，而真正改变马东在员工心目中的地位的是接下来这么一件事。

大家都知道，小区内有的业主经常把三轮、四轮电瓶车随处乱停，造成道路的不畅通，咱们保安部也会经常接到业主的投诉，要求彻底解决这些问题，可是这个问题仍然时有发生，导致业主对公司服务颇有微词。保安部对于上了锁的这些电瓶车又没办法及时移走，特别是在上下班高峰期更是紧急，困扰了保安部很久。马东一直在思考如何高效率地解决这个问题，让上了锁的车子'动'起来，快速地恢复交通。

他开始查资料，画图纸，逛市场，买材料，一个星期后，马东带着他的发明来到了保安部办公室，针对三轮、四轮电瓶车乱停乱放的问题他设计了一款拖车器（见图1），这样就可以快速拖走那些不符合停车要求的车辆，能够迅速恢复道路畅通，在拖车结束后，再跟业主打电话说明情况，乱停车辆的问题就能快速解决了。

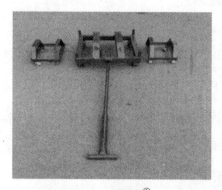

图 1　拖车器[①]

资料来源：太平圣乔治物业服务有限公司。

大家对此认可了马东，认为他有想法、有能力，能够胜任班长职位，在马东的带领下，二班员工的工作态度也被带动得非常积极主动了。"

3. 不一样的春节礼包

会议室再次响起掌声，在高总的主持下，财务部经理讲起了他们部门的事例。

"我们财务部的这件事就发生在这几天，公司在春节的时候给所有员工都准备了一份春节大礼包，但是礼包有两类，一是集团统一发放的，主要发送给从集团调过来的员工；二是物业

[①]　图片拍摄于 2022 年 2 月 19 日。

公司采购的，主要发送给物业公司后期招聘的员工，会计主管张明是物业公司后期社招进来的，他了解到了这两种春节礼包后心里很不高兴，对于财务部的春节礼包意见特别大，不仅在部门内部而且还在朋友圈发表消极言论，觉得公司对待员工两极分化，刻意薄待他们，甚至他都有了辞职的想法。

到后来，张明因为礼包的事来找过我，问我为什么差别对待员工，我也和他进行了解释，公司没有差别对待的意思，这是公司一直以来的做法，但张明心里依然不平衡。

其他部门可能也存在类似的情况，虽然张明不代表所有的员工，但是随着公司规模越来越大，员工越来越多，这种事情我个人认为还是从集团层面彻底解决为好，本来春节发送礼包是一件大家都高兴的事，体现了公司对员工的关怀，也能提升员工的归属感和对公司的忠诚度，到最后却导致了部分员工积极性下降，这岂不是事与愿违？"

财务部经理话音刚落，办公室的陈主任也附和说："最近几天，我这边也有不少员工反映这个问题，张明也和我发过牢骚。我对张明的印象还是挺深的，我还参加了对他的社招面试，张明是那一次面试中唯一一个会计本科生，专业能力比较强，但比较有个性。"

这时，高总看到财务部的出纳主管王勇坐在后面嘴里念念有词，好像有什么话要说。王勇今年48岁，是财务部年龄最大的，也算是物业公司的"老人"啦，是在物业公司成立之初从集团财务部调过来的。高总对王勇说："王经理，你对这件事有什么看法？"

王勇说："高总好，我和张明一起共事快一年了，小伙子确实业务能力比较强，干活很快。但是，可能是因为太年轻，他还缺乏一定的工作经验，有的时候也爱耍一些小聪明，大事不出，小事不断。春节发送礼包多年来都是有两种，像我一样的从集团调过来的员工一直都是集团统一发，我们这一批老员工从集团到物业公司本来就做出了不少贡献，离家还远了不少，我们没有功劳也有苦劳吧？"

大家听完王勇的想法后你一言我一语相互交流起来，有些员工边交流边点头，好像也同意王勇的说法，也有一部分员工表情有些严肃，还不住地摇头叹气，整个会议室顿时"热闹"起来。

三、尾声

高总抬起头，环顾四周，对大家说："大家安静一下，听过各个部门的汇报，我心中喜忧参半，喜的是经过短短六年，物业公司取得了较快发展，忧的是物业公司在人力资源管理，特别是员工激励方面还存在一些问题，特别是春节礼包带来的消极影响。有些问题虽小，却发人深思，处理不好，造成的将是人才的流失。

激励员工的目的是什么？有些观点认为是为了员工积极性提升、工作效率提高，还有一些观点认为是降低企业运营成本、提高企业盈利。我认为激励员工真正的目的是为了让业主满意，为业主创造价值，而积极性、工作效率等都是检验公司是否能让业主满意、满意程度高低的手段。因此，员工激励应该从根源抓起，以'让业主满意，为业主创造价值'目标为导向，系统梳理公司的激励政策，丰富激励的方法和内容，把物质激励、精神激励、制度激励、文化激励形成制度和机制固化下来。从企业长远发展来看，要以小见大，更要见微知著，从顶层设计出发拿出一个行之有效的员工激励机制。自己如果做不了，可以找咨询公司、高等院校来做，一定要对症下药，也只有这样，优秀的员工才能发挥更大的价值。"

启发思考题：

1. 太平圣乔治公司所处物业行业，其员工激励具有什么特点？

2. 对比分析王静与马东行为发生了哪些变化？为什么？

3. 你认为张明的抱怨有道理吗？该如何处理春节礼包事件？

4. 如果你是高总，你将如何对太平圣乔治公司的激励政策进行调整？

附录 太平圣乔治物业服务公司发展历程

公司成立于 2015 年 4 月，是一家具有独立法人资格提供专业化、社会化物业服务的企业，聊城市物业服务行业第一批 AAA 级企业，市物业管理协会副会长单位，管理面积 120 余万平方米。2020 年 6 月成立公司党支部，坚持党建引领，树立"壹心为民"党建品牌，积极打造红色物业、智慧物业，积极参与创城建设，履行社会责任，为广大客户提供更高标准、全方位的服务。

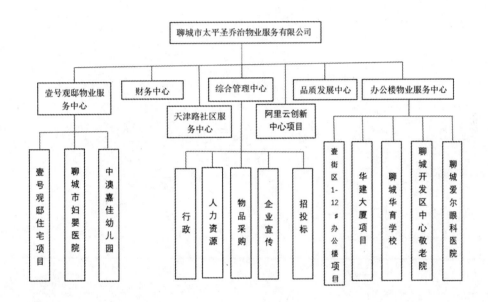

发展历程：

（1）2016 年 7 月，中标聊城市华育学校山东东岳办公楼。

（2）2016 年 12 月，入驻华建 1 街区住宅项目。

（3）2018 年 3 月，中标高新区管委会办公楼华建大厦办公楼，聊城经济技术开发区中心敬老院聊城妇婴医院。

（4）2019 年 1 月，获评 2018 年度山东省物业行业文明创建标兵企业。

（5）2021 年 1 月，获评 2022 年度公司党支部被聊城市高新区党工委列入"百千万提升工程"，同年被九州街道党工委评为先进基层党组织。

（6）2022 年 1 月，获评 2021 年山东省物业服务行业品牌建设示范案例，获评 2021 年聊城市放心消费示范单位，华建 1 街区项目获评山东省工程质量（装修物业）"泰山杯"奖。

4

供应链管理

融"慧"贯通：

亿沣超市供应链的构建之路 [①]

摘要： 本案例描述了亿沣超市的发展历程，在这个发展历程中着重描述了亿沣超市的供应链系统。从进货端与供应商的对接到内部管理系统再到终端与顾客的对接，都体现了其良好的供应链管理能力。

关键词： 供应链定位；信息共享；智慧物流

Yifeng Supermarket: Integrate "Wisdom" Through the Supply Chain

Abstract: This case describes the development process of Yifeng supermarket, in this development process focuses on the description of Yifeng supermarket supply chain system. From the connection between the purchasing end and the supplier, to the internal management system, to the connection between the terminal and the customer, all reflect its good supply chain management ability.

Keywords: Supply Chain Positioning; Information Sharing; Intelligent Logistics

---

① 本案例由聊城大学商学院于兆艳副教授、唐研副教授、梁树广副教授、张宪昌副教授撰写。由于企业保密的要求，在本案例中对有关名称、数据等做了必要的掩饰性处理。本案例只供课堂讨论之用，并无意暗示或说明某种管理行为是否有效。

案例正文：

融"慧"贯通：亿沣超市供应链的构建之路

引言

2020 年即将过去，2021 年即将到来，亿沣公司董事长王广胜心中回顾着刚结束的会议，思考是否收购六家店铺公司总经理说："王总不能收，目前疫情防控期间，不是我们超市扩张的好时机，我们也应该按照发展规划走，近两年我们不需要新店，况且新店的选址我们也已经确定了，目前这六家店的地址都不在我们选址范围之内。"运营部经理说："王总不能收，我们正在进行供应链的融合升级，这对我们自身的协调能力就是一个考验，再加上新的外来因素，难度提升，如果要收购也要等升级改造完成之后。"的确，亿沣每一步路都是稳扎稳打，匆忙收购六家店铺，不仅打乱了亿沣的发展规划，也与亿沣的发展方式不符。

一、亿沣超市简介

山东聊城亿沣连锁超市有限公司（以下简称"亿沣"）创办于 2001 年 7 月。亿沣创始人王广胜出身农村，家里条件差，早早辍学，但是王广胜从未停止学习的脚步。1992 年开始在亚太百货站打工，1995 年自己去学习进修，开始做厂家代理员，送货配货，1998 年继续去山东经济学院进修，开始承包区域代理，2001 年继续去上海进修学习，成立亿沣超市。成立亿沣后，王广胜没有停下学习的脚步，2006 年参加清华的零售业超市培训，2008 年邀请胖东来等企业家来亿沣指导，通过不断的学习和实践，王广胜确定了"慧爱"的企业文化。2010 年之后的十年是亿沣的高速发展阶段，亿沣以"服务社区乡镇，倡导品质生活"为企业宗旨，以"贡献传递慧爱，共赢创造价值"为企业文化。致力于营造高品质生活生态圈，从一家门店发展到近百家综合超市，总营业面积超 15 万平方米，建立了超 3000 亩的绿色生产基地，2000 平方米的中央加工厨房，五家餐饮连锁会所，建立了 2 万平方米的自动化配送中心，建立了自己的物流车队，实现了商品 80% 的厂家直供，员工工资比同区域高 10%~20%，从成立至今从未拖欠员工工资，实现了生鲜蔬菜的当天供应和售清。亿沣超市生鲜商品采用"自产自销 + 原产地直采"的商品供应模式，实现了集绿色蔬果种植、生产加工、仓储物流、销售服务于一体，辐射聊城市区及辖区所有乡镇的专业化、集团化连锁零售企业。亿沣打造以服务为本，复合增长的社区商业新模式，先后获得了"全国先进个体工商户""山东省农业产业化龙头企业""中国社区商业优秀零售商""中国零售业十佳成长型标杆企业"等近百项荣誉称号。

二、"融"——全渠道融合的信息系统，构建供应链之脉络

"我们企业成立于 2001 年，从 2004 年开始，王广胜董事长就要求信息部引进和尝试当时先进的信息管理系统，从最初的'瑞星'，到现在的'创纪云'，我们终于寻找到与我们企业业务性质与发展规划最为契合的系统。实践证明，近 20 年前的前瞻性决策也为我们企业的发展立下了不可磨灭的功勋。"说起信息化管理的发展历程，信息部的王部长感慨甚多。他继续分析道："零售业经历了传统商场、连锁商超和全渠道融合三大周期，而实现全渠道融合离不开信息化、数字化和智能化，运用大数据，云计算，人工智能等先进的技术为企业赋能，从而实现全方位的全渠道数字化零售布局。"

亿沣使用的"创纪云"信息管理系统可提供全渠道、数字化零售解决方案。以业务中台驱动企业数字化发展，赋能消费经营管理与企业运营管理，通过全面信息化，帮助企业对员工、用户及商品进行可视化管控。亿沣将中央 EPR 系统与物流配送中心、外卖平台和小程序商城等系统连接，实现全渠道融合的数字化信息共享。

1. 子系统全面打通，实现信息共享

创纪云通过数据中台将所有的子系统数据全面打通。ERP 是核心系统，分为总部部署、门店部署和配送部署三大部署，共包括七大平台，分别是数据交换平台、供应商关系平台、客户关系平台、中央订单平台、报表与协同平台、多种经营平台和 BI 平台。ERP 系统与外卖平台、物流中心系统等实现无缝对接，集成进销存数据，管理整个业务的正常推进。由此，以 ERP 为根基，全面打通子系统数据，形成在线化的移动作业、全面及时的业务往来和规范化的库

房、商城管控，快速响应客户采购需求，优化进销存渠道，整合供应链资源，实现与供应商端的高效协同、与客户端的多维度及时连接，保证产品供应能力与客户需求的平衡（见图1）。

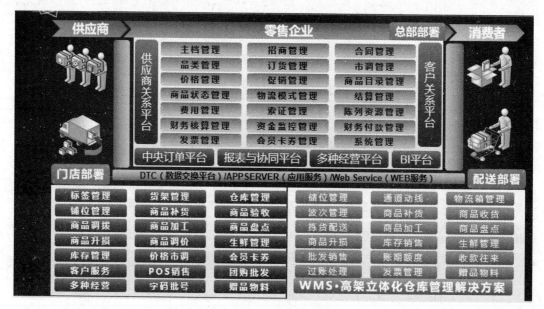

图1 亿沣超市 ERP 系统

资料来源：江苏创纪云网络科技有限公司。

供应商的业务员小李正在操作手机，查看这周自家商品在亿沣各个门店的销售和库存状况。只要获得亿沣的授权，供应商就可共享数据，尤其是随着手机小程序的出台，更是为外出跑市场的业务员们提供了便捷。提起信息共享的好处，小李的赞美之情溢于言表："现在我们可以在手机上随时查看与我们商品有关的数据，这样更利于我们随时掌握市场动态，再结合我们自己的生产、营销计划等实际因素，在与亿沣的采购员共同协商后就可以大大提高订货预测的准确率。"

2.配送中心系统上线

山东鲁聊亿沣智能物流中心2009年成立，2021年正式注册。物流中心最大作用是优化资源配置、实现联合运输，从而提高流通效率，降低企业成本，而为了实现这些目标，就必须依靠信息技术的助力。在亿沣智能物流中心成立之初，创纪云就协助配送中心系统上线，并与中央系统相连接，针对订单履行、逆向物流、调度分货、数据交互流程和系统进行优化，重新规划库区储位和动线；并针对生鲜商品的特点，全天分时段系统性规范管理连锁店订单；通过细分仓位管理，利用手持终端提升收货效率；全面管控开启仓储管理的数字化革新，提升业务协同效率，实现降本增效。信息系统的助力，使物流中心真正实现了智能化。

3. 与美团联手，实现线上线下一体化

"我们从今年才正式开展线上业务，可能与其他著名的连锁超市相比，我们的脚步慢了一些，但我认为超市开展线上线下融合经营模式的首要任务在于立足线下，为线下消费者提供更好的购物体验，有了线下口碑和消费黏性，才能更好地开展线上业务"，对于企业的发展，王广胜董事长总是按照自己的节奏，稳扎稳打，这次与美团的合作也是如此，是深思熟虑后的最佳选择。成熟的平台运营与完善的配送体系无疑是选择美团的最大原因，但也有一部分原因来自于对亿沣自身信息系统的自信。线上销售需要强大的信息系统支撑，随着美团线上销售的展开，亿沣的信息系统已与美团系统全方面打通，实现无缝连接，进一步促进了亿沣的全渠道融合。

王广胜表示："合作初期，我们主要依靠美团平台，但后期我们也有计划通过CRM系统整合全渠道连接触点，全方位获取亿沣潜客，通过会员筛选和营销工具使用，实现精准的千人千面的营销活动推送和服务提升，我们还会对线上和线下会员进行融合管理，重新构架成长体系进行，通过信息系统进行更有效的管理。"

三、"慧"——慧爱企业文化，铸就供应链之根基

1. 慧爱的企业文化，引领企业健康成长

企业文化是一种力量，是企业在长期发展过程中所形成并沉淀在员工心目中的一种价值理念，是凝聚人心、增强企业竞争力的无形资产，是促进企业不断发展壮大的精神动力和无形财富，是企业供应链发展的根基。在亿沣连锁超市的创立和发展过程中，企业负责人王广胜非常注重企业文化的建设，王广胜会亲自为每一个新入职的员工进行企业文化的培训。通过合理的企业文化构建，使企业职工的积极性、团结性和奋发向上、开拓创新、知难而进、争创一流的团队精神得到了极大的提升，从而促进了企业的健康快速发展。

企业文化力在本质上是一个企业特定的知识体系，企业文化力不仅决定我们生产什么、经营什么、管理什么，而且决定我们怎么生产，怎么经营，怎么管理。有的学者认为企业文化力是企业的核心竞争力，是决定企业长期发展的最持久、最深层次、最终极的力量。这一理论在亿沣连锁超市有限公司得到了很好的体现。通过王广胜的慧爱的企业文化教育，企业员工把服务消费者，关爱同事，关心家人体现到了行动中。不论是谁在逛超市过程中出现任何问题，亿沣连锁超市的工作人员一定会第一时间出现，给消费者提供必要的合理帮助。

同时在企业发展中，亿沣连锁超市注重能力和人才的培养，为员工提供机会，提供舞台，提供舞台，让每一个人才的价值得到最大发挥。人才兴，企业旺。亿沣连锁超市善于用崇高的事业精神来凝聚人才，用科学的机制来激励人才，用真挚的情感来关心人才，用良好的环境来吸引人才，用完善的福利待遇留住人才，将人才流失风险控制在最小的范围，以适应市场瞬息万变的今天，推动企业与人才和谐发展，是企业文化中人才理念的体现。

亿沣连锁超市建立了完善的福利待遇制度。在员工福利和待遇建设方面进行统筹安排，合理规划。亿沣连锁超市提高了薪资留人，亿沣连锁超市的普通员工的工资待遇高于同行业 500 元左右，课长和店长级别高于同行业 1000~3000 元。亿沣连锁超市完善了福利制度的同时建立传帮带的师徒制培训系统，努力培养企业自己的人才队伍。

2. 师徒制模式管理模式

亿沣连锁超市在管理中实行传帮带的师徒制管理模式。师徒制模式作为一种传统的知识传承方式，长久以来各行各业广泛应用。在现代企业发展的过程中更是影响深远。一般来讲，在企业组织中，师徒关系主要是指年龄更长且经验知识更丰富的员工与年龄较小且资历尚浅的员工之间的人际交换关系。亿沣连锁超市实行师徒制管理模式，首先举行非常正式的拜师仪式，集合全体企业员工，特定时间进行敬茶鞠躬的拜师仪式，这种仪式感让彼此心中的认同感更强烈，在之后的工作中师父带徒弟，实行一对一的、手把手的教育，主要通过在实际工作过程中进行单独讲授，在学中做，在做中学，学与做融为一体，提高了新员工的实际操作能力。通过这种言传身教的学习方式，再加上新员工学习目的明确，学习效果非常好，入职快，融入感高，使老员工所拥有的知识和经验能很好地传承下来，弥补了新入职员工不知道怎么做、老员工的经验得不到传承的不足之处。同时亿沣连锁超市在师徒的管理上，职责明确到位。师傅对徒弟负有监护义务。同时对徒弟进行示范操作，以自己的实际行动督促徒弟完成工作，在保证自身完成工作任务的同时，必须保证教会徒弟。同时需要师父从生活上和思想上关心、爱护和帮助徒弟。发现徒弟思想或行为有异常情况，要积极帮教、说服，视情况不同还需及时向领导层反映。徒弟需要严守师徒结对规则，虚心学习，尊敬师父，在师父指导下，完成师父布置和安排的任务。亿沣连锁超市要求每周师傅都需要对自己和徒弟的工作进行总结。亿沣连锁超市师徒制模式不仅在师傅与徒弟之间产生双向影响，增加了作为师傅的员工的责任感和归属感，同时促使新员工更快地融入组织，而且对于亿沣连锁超市的知识共享和绩效提升也具有重要作用。

3. 慧爱企业文化服务顾客

"慧爱就是会爱自己，爱家人，进而爱岗，爱顾客，首先要爱自己，知道自己想要什么，能要什么……"刚进入办公区就能听到培训的声音，今天是新员工入职的日子，每名新员工入职的第一次培训都是王总亲自在做，坚持了二十多年，不论任何事情都不能耽误他和新员工的第一次沟通，王广胜认为时常潜移默化地培训员工企业文化，让员工不经意间在思想和行动中受到影响。慧爱的企业文化就是培养员工爱自己，爱家人，自己和家人都幸福了才能更好地服务他人，亿沣超市作为一家服务型企业，在对顾客的服务上有着严格的要求，亿沣超市制定了《亿沣连锁超市爱心服务项目规范》《亿沣超市门店服务量化标准》《亿沣超市各岗位服务标准用语》《亿沣超市服务中心广播规范》等，而这些要求需要员工发自内心地去做好。如果有员工做得不到位，亿沣不采用处罚的方式，而是由店长去现场亲自示范，直到员工熟悉操作。对于服务质量有具体的量化服务标准，收银员需要在为顾客结算找零时必须双手递小票，唱收唱付，收银台前等待收银结算的顾客不得超过 5 人等 8 条具体规定；对于防损员要求落地"弯腰工程""小跑工程"（包括的所有工作环节），切实让顾客满意，体现工作激情和工作效率；扶梯安防人员对于上下电梯不方便的（备注：大件物品、箱奶类、礼盒类、袋装面粉／米类、油类、小家电类、易碎商品类，较重的商品、筐类 2/3 以上商品）顾客主动帮扶；孕妇、老人、怀抱孩子的顾客必须全部帮扶拉送购物篮，确保顾客安全等；对于客服员要求自然亲切的微笑，礼貌问候，来有迎声、问有答声、走有送声，主动热情服务顾客等；对于理货员要求强化业务知识，熟悉本货区主推商品的卖点，为顾客提供较专业的知识解答；称重员须双手为顾客递送商品，并准确报出称价；台前等待称重的顾客不得超过 5 人等。对于各个职位都有具体明确的服务规范和标准。优质的服务需要通过人员来完成。顾客去超市购物，超市的服务人员对顾客殷勤问候、热情招待、语气很友善、态度很礼貌，这就是满意的服务。 满意的服务靠持之以恒并避免犯错误才能给客户留下深刻的印象，达到满意服务口碑非常不易，维持需建立长效机制。亿沣超市还根据顾客消费习惯进行产品活动，比如周末来超市购买的大部分都是上班族，偏好高端乳制品，亿沣就选取高端乳制品在周末做活动；买菜的人群集中在早上和晚上，亿沣就针对性地设立早晚市，进行蔬菜特价和打折销售。保证产品品质的基础上，尽最大能力去服务好顾客，同时为顾客提供便利，比如有带孩子的顾客或者孕妇，亿沣的工作人员会主动帮忙照顾，把所选购产品送到顾客指定区域。

"葡萄掉粒应该怎么处理，需要上报不？"刚上任的李姐请教她的师傅王姐。"可以直接买赠，或者降价打折，具体的处理方式和数量，我们自己把握，但是不能把不新鲜的销售给顾客。"王姐边说边用袋子装掉粒的葡萄并贴标签。由于超市生鲜产品的特性，亿沣超市给一线服务员工，很大的自我把控权限，目的就是保证生鲜产品的新鲜度，当天的生鲜产品当天清空，同时也是一线员工根据顾客的喜好和购买情况上报隔天的上架数量。亿沣超市能做到良好的客户服务，亿沣的企业文化起到了不可替代的作用。

四、"贯"——生鲜产地直采，贯通供应链之始末

1. 建立农产品基地

2001 年亿沣成立后，王广胜就想着为家乡做点事，这一做就是十多年，而且不仅帮扶本村，而且帮扶了周围几个村子。"我们村从田间到村口，15 分钟的路程，由于路面凹凸不平，村民种的菜运不出去，且没有销路知道往哪里卖。我开超市想着帮助父老乡亲为他们提供菜的销路。但他们担心种不好赔了钱，或者菜达不到标准。他们的顾虑，我直接承包，支付他们劳务费，按小麦产量结算，一亩地 900 斤。为什么按小麦的价格呢？因为如果按照固定的价格，物价上涨会让村民吃亏。比如今年小麦涨到 1.5 元一斤，那租金就是直接涨了开始的一倍半了。"王广胜为老乡办实事的同时，也提高了亿沣蔬菜的质量，他说道："目前种植基地的蔬菜远远满足不了我们的需求，占整体不到 10%，剩余 90% 我们靠采购人员各个基地跑，开春

从南边开始，豆角之类蔬菜开始种植随着天气变暖，一路向北，入了秋，再由北一路向南。"生鲜产品关系到老百姓的生活，给老百姓提供可口又实惠的产品是亿沣超市一直在努力做的事情。

亿沣于 2013 年成立了山东聊城市农合亿沣蔬粮种植专业合作社，基地采用"超市+合作社+基地+农户"的经营模式，发展高产、优质、生态、高价值的农产品，探索一二三产业融合发展的新道路，实现农超对接、农超自营、农超一体的三位一体合作模式，带动周边农户致富，助力实现乡村振兴。合作社集约化流转了 3000 余亩土地，注册资金 500 万元，拥有社员 2000 余人，建设高标准日光室 500 亩、大拱棚 700 亩。基地遵循"企业引导风险""社员利益优先""公司保底销售"三大原则，努力实现"大棚无一闲置""社员无一退社""产品无一滞销"的目标。采用地下水三级过滤水肥一体化自动滴灌技术，农药残留检测 20 分钟出结果，管理过程做到"统一产品标准""统一管理标准""统一技术标准""统一土壤检测""统一生产资料""统一质量保证""统一产品配送"。采用"科技化，信息化，标准化"的大数据管理，坚持"企业承担风险，社员利益优先，产品订单生产，超市保底销售"的原则。亿沣实行农超对接，农超自营，农超一体，实现"商超+基地+合作社+农户"的新模式。基地农产品经中国绿色食品发展中心审核，产品全部符合绿色食品 A 级标准，被认定为绿色食品 A 级产品，许可使用绿色食品标志。

自 2013 年流转土地以来，在近十年的时间里，累计输送符合国家绿色食品认证的蔬果达 5000 万千克，高品质禽类达 5 万余只，使基地农户积极性高涨，实现了"三无目标"（合作社大棚无一闲置，合作社成员无一退社，农产品无一滞销），亿沣集团融合一二三产业协同发展，取得了显著的成效，扩大了劳动就业和农业提质增效，为推动聊城市建设美丽乡村，实现乡村振兴做出了积极贡献，也为亿沣超市生鲜直供奠定了良好的基础。

2. 生鲜产地直采

作为老百姓高频、刚性需求的商品，生鲜在零售消费市场占据着重要地位。近年来，各路资本和巨头纷纷在全国各大城市"攻城略地"，竞争万亿元规模的生鲜零售市场。亿沣超市严格要求生鲜产品的新鲜度，对一线销售人员的权力下放，使采购部门的压力增大，必须满足顾客需求，顾客满意的产品，还得保证产品的价格。"我们采购部门 60 多个人去田地里，就拿一个柚子来说，批发市场的柚子不能保证口感，我们就得去原产地琯溪，同样是琯溪的柚子，由于不同位置土质水域不同，口感又有区别，一个基地的柚子不能保证供应整个销售季节，还得选取两个以上作为供应补充……"采购部王太震部长说道。收果标准包括果子的外观、重量、甜度。以草莓为例，绝对不能收九成熟以上的草莓，我们都会收八成熟的草莓。我们会计算草莓在途的时间，所以从山东烟台发货的草莓和从河南发货的草莓的成熟度都是不一样的。烟台发货的就可以发 8.5 成熟的草莓，河南的就只能发八成熟的。这是为了让水果在运输过程中自然成熟，避免腐烂。同样以草莓为例，如果天气比较凉爽时可以用常温车运输，但只要在运输途中任何时间节点超过适宜的温度都需要用冷链车进行运输。运输草莓的模式是这样的，每天早上四五点果农把草莓给采摘下来，白天把草莓分好等级，然后装箱。在傍晚开始发货，半夜就运到了聊城，仓库按照订单进行分拣包装之后，清晨开始送往各超市。物流运输方案的制定需要对第三方物流快递有很强的管理和把控能力。真正收货时出现了下雨不能采摘、果品质量不达标、农民坐地起价等意外情况。还有一个重要环节是企业要根据不同果品的特性来设计包装的方案，以保证果品在运输途中能够得到更好的保护。由于水果的特殊性，温度、时效等都会影响方案。生鲜应该有多个备选产区，如果最初选定的产品果品出现问题，应当及时更换产区。除了备选方案，商家也需要准备应急措施，如果在采购过程中出现了各种问题，可以及时调整策略或者采购的产品。亿沣超市依靠强大的供应链系统坚持生鲜直采，保证了亿沣超市生鲜产品的质量，更好地服务顾客。

五、"通"——智慧物流配送中心，打通供应链之壁垒

山东亿沣智能物流有限公司成立于 2009 年，强大的仓储物流配送体系为亿沣超市物资供应保驾护航。亿沣连锁超市是在超市的基础上连锁经营，其物流配送活动是在超市内部建立配送机制将"配""送"进行有机结合，保证超市门店正常的销售和供给。作为超市物流的核心环节，连锁超市配送的特点决定了 4 个环节互相配合，分别是订货购物环节，仓储环节，理货、装配环节。送货、收货环节亿沣物流中心占地 10000 余平方米，仓储分食品、百货和生鲜两个区域，按产品品类，精准管理，保证仓容和吞吐量。物流中心配置货架高度 7.2 米，可存放上万个 SKU（全称 Stock Keeping Unit，库存量单位），设计库容量 12 万箱，拥有笼车 2000

个，前移式高位叉车 2 辆，平衡重叉车 2 辆，10 辆电动搬运车，手持终端 30 部，50 台带有液压围板的专用配送车，拥有最先进的仓储管理系统（WMS），实现了商品的货位管理、批次管理、保质期管理、单元化包装配送。

物流中心自有专用配送车 60 余辆，每天穿梭于聊城市区及乡镇，把最优、最鲜的商品送到百姓餐桌。亿沣物流中心全程无纸化作业，采用无线射频扫码进行商品的验收、上架、补货、拣货、配货和盘点。拣货时由信息系统自动优化里程最短路径，作业效率提高了 3 倍，所有商品每天进行动销盘点，账货相符率达 99.9% 以上。

门店配送商品采用笼车交接，完全实现了商品的单元化交接，装车效率由原来的 40 分钟 1 车提高到了每小时 4 车，门店验收一车货物由 1 小时缩减为 20 分钟，正确率达 100%。智慧物流能大大降低制造业、物流业等各行业的成本，实打实地提高企业的利润，生产商、批发商、零售商三方通过智慧物流相互协作，信息共享，物流企业便能更节省成本。其关键技术诸如物体标识及标识追踪、无线定位等新型信息技术应用，能够有效实现物流的智能调度管理、整合物流核心业务流程，加强物流管理的合理化，降低物流消耗，从而降低物流成本，减少流通费用、增加利润。智慧物流的建设，将加速企业物流的发展，集仓储、运输、配送、信息服务等多功能于一体，打破行业限制，协调部门利益，实现集约化高效经营，优化社会物流资源配置。同时，将物流整合在一起，将过去分散于多处的物流资源进行集中处理，发挥整体优势和规模优势，实现传统物流企业的现代化、专业化和互补性。此外，企业还可以共享基础设施、配套服务和信息，降低运营成本和费用支出，获得规模效益。

六、结束语

亿沣坚持企业发展，文化先行的理念，文化就是发展的根基，文化决定制度，制度规范行为，行为体现文化。通过这种良性循环，亿沣以服务消费者和"三农"为宗旨，形成了以慧爱，利他，共赢为核心的企业文化。落地到经营管理中就是站在顾客体验的角度做好环境、服务和商品品质，用诚信和品质赢得顾客的认可。

亿沣依托聊城优越的地理环境优势，建成集蔬果种植、生产、加工、仓储、物流、销售于一体的大型连锁超市，大力发展新型农业打造健康无害产品以回馈消费者，让消费者食用放心、食用开心。十几年来，亿沣超市致力于打造以服务为本，复合增长的社区商业新模式，以"服务社区乡镇，倡导品质生活"为经营宗旨，以"营造高品质生活生态圈，为提升居民生活品质而努力"为使命。亿沣紧紧围绕乡村振兴目标，践行新理念，培育新业态，蓄积新动能，积极发展农业产业化，通过培育龙头企业促进乡村产业发展，以产业融合引领发展，将一产往后延，二产两头联，三产走高端，形成全产业链，全价值链，同时健全利益联结机制驱动乡村产业发展，引领农业企业与小农户建立契约型、分红型、股权型等合作方式，把利益分配重点向产业链上游倾斜。亿沣在一产重视商超和便利店的规模和层次，二产继续持续扩大蔬菜种植和禽类养殖，三产发展元宝枫枫林文化旅游和商超绿色消费等。通过融合各类产业，促进社会发展，为乡村振兴注入新动能。

启发思考题：

1. 在本案例中亿沣超市的企业文化对供应链的贡献主要体现在哪些方面？

2. 供应链信息共享对于供应链的意义是什么？本案例中企业是如何形成全渠道信息融合的？

3. 智慧物流配送中心对连锁超市企业的作用是什么？

4. 你对案例中提及的企业与农户联合建立种植专业合作社的模式的未来发展有怎样的思考？

5

创新创业管理

基于双过程理论的创业机会识别规律研究 ①

摘要： 创业者究竟是如何进行创业机会识别的？首先对国内外相关研究成果进行了梳理；其次以双过程理论为基础，归纳出人类的一般认知模式，并据此提出了研究假设；最后采用多案例实证研究方法探究了创业机会识别规律。研究发现：快速识别创业机会的机理是系统 1 调用通过创业学习获取的已有创业知识或经验；慢速识别创业机会的机理是系统 2 进行创业学习建构新的创业知识或经验的过程；当没有通过系统 2 的创业学习建构起相关的创业知识或经验供系统 1 调用时，主体无法识别创业机会；成功的创业体验是获得创业自我效能的唯一路径，单一的创业自我效能缺乏对创业行动的解释力；机会识别应该遵循人事匹配的基本原则。

关键词： 创业机会；机会识别；双过程理论；案例研究

Research on the Law of Entrepreneurial Opportunity Identification Based on Dual-Process Theory

Abstract: How do entrepreneurs identify entrepreneurial opportunities? Firstly, this paper combs the relevant research results. Then, based on the dual–process theory, this paper summarizes the general human cognitive model and puts forward the research hypothesis. Finally, the multi case empirical research method is used to explore the law of entrepreneurial opportunity identification. It is found that the mechanism of rapid identification is that the system 1 calls the existing entrepreneurial knowledge or experience. The mechanism of slow identification is the process of system 2

---

①　本案例由聊城大学商学院曹之然副教授撰写，受到聊城大学社会科学基金项目"基于双系统理论的创业机会识别模式研究"（321020130）资助。

constructing new entrepreneurial knowledge or experience. When there is no relevant entrepreneurial knowledge or experience constructed through entrepreneurial learning of system 2 for system 1 to call，the subject cannot identify entrepreneurial opportunities. Successful entrepreneurial experience is the only way to obtain entrepreneurial self-efficacy and a single entrepreneurial self-efficacy lacks the explanatory power of entrepreneurial action. Opportunity identification should follow the basic principle of personnel matching.

Keywords: Entrepreneurial Opportunities; Opportunity Identification; Dual-process Theory; Case Study

案例正文：

基于双过程理论的创业机会识别规律研究

引言

创业是成为企业家的必由之路。在这条道路上有两大问题需要解决：其一是"做什么"，即创业机会识别问题；其二是"怎么做"，即创业机会开发问题。创业机会识别是创业机会开发的逻辑前提，创业机会开发是创业机会识别的逻辑延续。就创业机会识别这一主题而言，国内外相关科研成果已经比较丰富。CSSCI 检索结果显示，国内高质量文献有 96 篇，最早的文献出现在 2005 年，随后 11 年间，每年的文献数量基本都小于 10 篇，从 2017 年至今，每年的文献数量都稳定在 10 余篇。WOS 检索结果显示，国外高质量文献有 105 篇，最早的文献出现在 1996 年，随后 10 年间的文献总量不足 10 篇，从 2007 年到 2022 年，每年的文献数量都在 10 篇左右。按照不同的研究目的，我们将文献划分为描述性研究和验证性研究两大类别，它们分别致力于描述和验证创业机会识别规律。描述性研究细分为动态性模型研究、复杂性模型研究和综合性模型研究。比如，Lumpkin、Hills 和 Shrader（2004）基于创造力理论构建了一个包括准备、孵化、顿悟、评价和精加工的五阶段创业机会识别过程模型[①]。Baron（2006）基于认知科学的模式识别视角构建了一个包含主动搜索、警觉性、先验知识等要素的商业机会识别整合模型[②]。验证性研究细分为创业机会识别作为结果变量、中介变量和前因变量的研究。比如，孙永波、孙珲和丁沂昕（2020）基于资源编排理论构建了资源结构化与资源能力化在资源杠杆化作用下的创业机会识别模式，并采用 fsQCA 方法进行了实证分析[③]。汪忠、严毅和李

---

① Lumpkin G T, Hills G E, Shrader R C. Opportunity Recognition[J]. Entrepreneurship: The Way Ahead, 2004 (2):73–90.

② Baron R A. Opportunity Recognition as Pattern Recognition[J]. Academy of Management Perspectives, 2006, 20(1):104–119.

③ 孙永波，孙珲，丁沂昕. 资源"巧"配与创业机会识别——基于资源编排理论[J]. 科技进步与对策，2020 (9):1–10.

姣（2019）验证了机会识别在创业者经验和社会企业绩效之间的中介作用[①]。谢觉萍和王云峰（2017）验证了创业机会识别对创业绩效的正向影响[②]。总体来看，已有研究成果从不同视角、不同层面揭示了创业机会识别规律，让人们对创业机会识别有了一定的认识，但是有些问题尚待解决。比如，现有的创业机会识别模型孰优孰劣？创业机会识别的底层逻辑究竟是什么？是否存在一个更加优质的竞争性模型？单就国内研究成果来看，描述性研究比较匮乏，尤其是缺少扎根当今中国创业实践的高质量整合模型；验证性研究比较丰富，尤其是创业机会识别作为结果变量的验证性研究最丰富。在创业机会识别自身描述尚不清晰的情况下就急于抓取几个变量开展各式各样的验证性研究，这种舍本逐末的做法无益于知识的积累。本文尝试基于双过程理论探索创业机会识别规律，并对当今中国创业实践的案例进行实证研究。其意义首先体现在科研方面，能够增进人们对创业机会识别的理解；其次是实践方面，能够帮助创业者解决创业机会识别难题；最后是教学方面，能够帮助创业教育工作者完善创业教育体系、提升创业教育质量。

一、理论基础与研究假设

创业机会识别与技术机会识别、风险识别、图像识别等其他类型的识别在本质上没有差异，它们都从属于人类的认知范畴，在底层逻辑上遵循认知神经科学原理，具有一致的认知模式，对于这一模式的一种可能的解释是按照推理的双过程理论进行。Stanovich 和 West（2000）对几个具有代表性的双过程理论进行了梳理归纳（见表 1）[③]，发现虽然它们在某些细节和技术特性上并不总是完全匹配，但是却存在明显的家族相似性，随即提出用系统 1 和系统 2 标记大脑中的两套系统。系统 1 的特征是自动的、无意识的、对计算能力要求较低的，它整合了自动

---

① 汪忠, 严毅, 李姣. 创业者经验、机会识别和社会企业绩效的关系研究 [J]. 中国地质大学学报 (社会科学版), 2019, 19(2):138–146.

② 谢觉萍, 王云峰. 创业机会识别对创业绩效影响的实证研究 [J]. 技术经济与管理研究, 2017 (3):37–42.

③ Stanovich K E, West R F. Individual Differences in Reasoning: Implications for the Rationality Debate?[J]. Behavioral and Brain Sciences, 2000, 23(5):645–665.

化和启发式加工的特性。Levinson（1995）把具有这些特征的系统称为交互智能[①]——一个由支持基于意图归因 Grice 的会话含义理论[②]的机制组成的系统，该系统的目标是模仿他人的思维以便理解其意图，并据此做出快速的互动动作。系统 2 的特征是受控的、有意识的、对计算能力要求较高的，它整合了典型受控加工的各种特性，它包含了传统上由试图揭示智能背后计算成分的信息处理理论家所研究的分析智能过程。系统 1 和系统 2 之间最重要的区别是它们往往引发不同类型的任务解释。系统 1 引发的任务解释是高度情境化的、个性化的和社交性的。这类解释是由关联性思考驱动的，其目的是通过使用会话含义推断意图，即使在缺乏会话特征的情况下也是如此[③]。这一机制的首要地位导致了人类认知中的基本计算偏差[④]——问题自动情境化的倾向。系统 2 引发的任务解释是去情境化的、去个性化的和无社交性的。这个系统更善于依据规则和基本原则表达，它能够处理无社交内容的问题，并且不受归因意向性目标和寻求会话关联性的支配。

系统 1 和系统 2 之间是如何协同工作的？艾炎和胡竹菁（2018）对与此相关的代表性模型及其实验证据进行了梳理归纳[⑤]。其一是序列加工模型，它认为系统 1 在推理过程中先被激活，并输出一个默认反应。如果系统 2 不干预，那么人们最终做出的就是默认反应。如果系统 2 干预，那么默认反应就有可能被系统 2 输出的反应替代。系统 2 是否干预取决于任务要求、时间压力、认知倾向等多种因素。Evans 和 Curtis-Holmes（2005）验证了时间限制增加信念偏差反应，减少逻辑反应[⑥]。Neys（2006）验证了工作记忆负荷不会影响自动启发式加工，但会影

---

① Levinson S C. Interactional Biases in Human Thinking[A] // Goody E. Social Intelligence and Interaction [M]. Cambridge: CUP, 1995:221-260.

② Grice H P. Logic and Conversation[A] // Cole P & Morgan J. Syntax and Semantics, Speech Acts [M]. New York: Academic Press, 1975:41-58.

③ Margolis H. Patterns, Thinking, and Cognition: A Theory of Judgment[M]. Chicago: University of Chicago Press, 1990.

④ Stanovich K E. Who is Rational? Studies of Individual Differences in Reasoning[M]. Mahwah, NJ: Lawrence Erlbaum Associates, 1999.

⑤ 艾炎, 胡竹菁. 推理判断中双重加工过程的协作与转换机制 [J]. 心理科学进展, 2018, 26(10):1794-1806.

⑥ Evans J S B T, Curtis-Holmes J. Rapid Responding Increases Belief Bias: Evidence for the Dual-Process Theory of Reasoning[J]. Thinking and Reasoning, 2005, 11(4):382-389.

表 1　系统 1 和系统 2 的相关术语及特征

	系统 1	系统 2
双过程理论		
Sloman（1996）	联想系统	规则系统
Evans（1984，1989）	启发式加工	分析式加工
Evans 和 Over（1996）	隐性思维过程	显性思维过程
Reber（1993）	内隐认知	外显学习
Levinson（1995）	交互智能	分析智能
Epstein（1994）	经验系统	理性系统
Pollock（1991）	快速且刻板的模块	智力活动
Hammond（1996）	直觉认知	分析认知
Klein（1998）	预先认知决策	理性选择策略
Johnson-Laird（1983）	内隐推理	外显推理
Shiffrin 和 Schneider（1977）	自动加工	受控加工
Posner 和 Snyder（1975）	自动激活	意识加工系统
特征	联想的 整体的 自动的 对认知能力要求较低的 相对快速的 通过生理、接触和个人经验获得	基于规则的 分析的 受控的 对认知能力要求较高的 相对缓慢的 通过文化和正规教育获得
任务解释	高度情景化的 个性化的 会话的和社交性的	去情景化的 去个性化的 无社交性的
智能类型	交互的（会话含义）	分析的（心理测量）

响执行分析式加工[①]。Kokis 等（2002）发现不同年龄阶段的启发式加工差异不显著，分析式加工差异显著[②]。Goel 和 Dolan（2003）发现当被试做出基于先验知识经验的反应时，大脑腹侧的前额叶皮层被激活；当被试做出符合逻辑结构的反应时，大脑右侧的前额叶皮层被激活[③]。其二是平行竞争模型，它认为系统 1 和系统 2 同时启动并行运作，相互竞争做出反应。在简

---

① Neys W D. Automatic-Heuristic and Executive-Analytic Processing during Reasoning: Chronometric and Dual-Task Considerations[J]. Quarterly Journal of Experimental Psychology, 2006, 59(6):1070-1100.

② Kokis J V, Macpherson R, Toplak M E, et al. Heuristic and Analytic Processing: Age Trends and Associations with Cognitive Ability and Cognitive Styles[J]. Journal of Experimental Child Psychology, 2002, 83(1):26-52.

③ Goel V, Dolan R J. Explaining Modulation of Reasoning by Belief[J]. Cognition, 2003, 87(1):B11-B22.

单问题上，系统 1 的运行快于系统 2。在复杂问题上，系统 2 的运行快于系统 1。系统 1 和系统 2 输出的结果如果相同，那么个体就能快速做出反应；如果不同，那么个体在冲突尚未解决前就无法做出反应。Stupple 和 Ball（2008）验证了结果不同引发信念与逻辑冲突，解决冲突导致系统加工时间增加，问题的复杂性使反应朝向信念而背离逻辑[①]。Handley、Newstead 和 Trippas（2011）验证了信念判断的反应比逻辑判断的反应更快，信念判断的错误率比逻辑判断的错误率更多，信念与逻辑冲突对信念判断的影响更大[②]。姚志强和李亚非（2016）验证了启发式加工和分析式加工在推理过程中同时启动，共同竞争最终的推理反应[③]。其三是混合模型，它既认同序列加工模型中系统 1 和系统 2 先后启动、序列加工的观点，又认同平行竞争模型中系统 1 和系统 2 同时启动、并行加工的观点。不同之处在于对冲突探查的看法，混合模型认为冲突探查是一个独立于系统 1 和系统 2 的过程，并且是系统 2 介入与否的决定性因素。Neys（2014）的逻辑直觉模型表明人们在进行推理时，不是纯粹的序列加工过程或者纯粹的平行加工过程，而是一个浅层分析监控过程[④]。Pennycook（2017）的分析式参与的三阶段双重过程模型表明冲突探查对分析式加工的参与起着决定性作用[⑤]。

为了在双过程理论基础上提出研究假设，我们借用 Kahneman（2012）描述的字母"B"与数字"13"这一实例，归纳人类的一般认知模式，进而演绎创业机会识别模式[⑥]。如图 1 所示，我们会认为左侧方框里呈现的是"A B C"，右侧方框里呈现的是"12 13 14"，尽管这两个方框里中间那部分内容是一模一样的。问题就在于此，为什么我们会把相同的内容识别成不同的结果？左侧方框里的内容通过光波作用于视觉器官在视网膜形成物像，其信息由视觉神经传

---

① Stupple E J N, Ball L J. Belief–Logic Conflict Resolution in Syllogistic Reasoning: Inspection–Time Evidence for a Parallel–Process Model[J]. Thinking and Reasoning, 2008, 14(2):168–181.

② Handley S J, Newstead S E, Trippas D. Logic, Beliefs, and Instruction: A Test of the Default Interventionist Account of Belief Bias[J]. Journal of Experimental Psychology Learning Memory and Cognition, 2011, 37(1):28–43.

③ 姚志强, 李亚非. 逻辑—信念冲突与推理难度对逻辑和信念判断的影响 [J]. 心理科学, 2016, 39(1): 36–42.

④ Neys W D. Conflict Detection, Dual Processes, and Logical Intuitions: Some Clarifications[J]. Thinking and Reasoning, 2014, 20(2):169–187.

⑤ Pennycook G. A Perspective on the Theoretical Foundation of Dual–Process Models[A] // Neys W D. Dual Process Theory 2.0[C]. New York, NY: Psychology Press, 2017:1–34.

⑥ Kahneman D. 思考，快与慢 [M]. 胡晓姣等译. 北京：中信出版社，2012.

导至视觉中枢形成视觉，此时我们看到的是黑色图形。几乎同步的是，大脑自动从存储记忆的海马体中调用了与之匹配的字母模型，于是我们把它解读成"ＡＢＣ"。右侧方框里的内容同样在视觉中枢形成视觉，我们会看到另一副黑色图形。不同之处在于，大脑自动从存储记忆的海马体中调用了与之匹配的数字模型，于是我们把它解读成"12 13 14"。所以，左右方框里中间那部分一模一样的内容被解读成"B"还是"13"，取决于大脑自动调用的模型。更进一步的问题是，为什么在解读左侧图片时大脑自动调用的是字母模型而非数字模型？或者，为什么在解读右侧图片时大脑自动调用的是数字模型而非字母模型？在解读左侧图片时，中间部分及其两侧的字母 A 和 C 决定了大脑自动调用的是字母模型而非数字模型，即被识别对象所处环境的特征决定了大脑自动调用的是什么模型。右侧图片，道理相同。如果一张图片只有中间那部分内容，没有字母 A 和 C，也没有数字 12 和 14，那么对象自身的特征就决定了大脑自动调用的是字母模型或数字模型，我们会把它解读成 B 或 13。如果大脑中只有字母模型，那么我们只能把它解读成 B。如果大脑中只有数字模型，那么我们只能把它解读成 13。如果大脑中没有字母模型和数字模型，那么我们只是看到黑色图形而不知其意。若要知道黑色图形的含义，就要启动系统 2 进行探索，直至建构起能够解释其含义的模型。

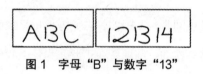

图 1　字母"B"与数字"13"

对上述各种情况进行归纳总结，可以发现人类的一般认知模式，如图 2 所示。对象及环境首先由系统 1 处理，如果系统 1 能自动调用模型，那么我们就能解读对象。如果系统 1 不能自动调用模型，那么我们就会启动系统 2 处理。如果系统 2 能成功建构模型，那么我们就能解读对象。如果系统 2 不能成功建构模型，那么我们就无法解读对象。基于人类的一般认知模式，演绎推理出创业机会识别模式的以下研究假设：

H1：系统 1 能自动调用模型，则快速识别创业机会。

H2：系统 1 不能自动调用模型，但系统 2 能成功建构模型，则慢速识别创业机会。

H3：系统 1 不能自动调用模型，且系统 2 不能成功建构模型，则无法识别创业机会。

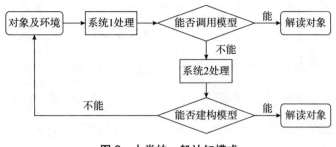

图2 人类的一般认知模式

二、研究设计

1. 研究方法

本文采用纵向单案例研究与横向跨案例研究相结合的多案例实证研究方法，主要原因有四点：第一，研究问题决定研究方法。本文的研究问题是"创业者是如何进行创业机会识别的"，要想解决这一问题，从根本上讲，需要基于创业者进行创业机会识别的翔实过程分析提炼，即通过深度调研、资料编纂、内容分析的案例研究方法实现。第二，要进行纵向单案例研究。纵向单案例研究是以时间视角研究一个创业者的多次创业机会识别，目的是发现初次创业机会识别及后续创业机会识别之间的异同。比如是否随着创业机会识别有效次数的增多，创业机会识别也越来越熟练、越来越快速。第三，要进行横向跨案例研究。横向跨案例研究是以空间视角研究不同创业者的创业机会识别，目的是发现不同创业者创业机会识别之间的异同。比如在相同的环境下，为什么有的人没能识别出创业机会，有的人却识别出了创业机会，并且识别出的创业机会有时还会因人而异。第四，不同技术路线相互验证。上文基于双过程理论推导出了研究假设，下文基于多案例分析探究机会识别规律，两种不同的技术路线得到的结果有哪些异同，相同之处互相印证，不同之处互相补足。

2. 案例选择

多案例研究要求遵循理论抽样和复制逻辑原则。为了更好地契合研究问题，达到建构理论的目的，我们采用以下标准进行案例选择：①相关性，案例选择要与研究主题紧密相关。本文的主题是创业机会识别，它决定了调研对象是创业机会识别者，调研内容是创业机会识别过程。②可得性，即可以获得真实详尽的调研资料。比如选择研究人员亲身经历的创业机会识别案例，选择基于互信关系更易获取的创业机会识别案例，选择备有创业日志的创业机会识别案例。③差异性，案例与案例之间应有显著差异性。同质性太强的案例不利于为复制逻辑和扩展逻辑提供支撑，不利于提高研究成果的外部效度。我们最终选定 XY 光伏公司、QD 设计公司、KS 传媒公司进行案例研究。XY 光伏公司成立于 2015 年 7 月 22 日，注册资本 800 万元，主营业务是分布式光伏电站的投资、建设、运维。QD 设计公司成立于 1998 年 8 月 10 日，注册资本 102 万元，主营业务有广告设计、企业形象设计、房地产营销策划。KS 传媒公司成立于 2013 年 3 月 22 日，注册资本 443.4813 万元，主营业务是儿童内容产品的研发、生产、销售。

3. 数据收集

本文主要通过半结构化深度访谈收集数据，其过程分为访谈前、访谈中、访谈后三个阶段。访谈前做好准备，利用搜索引擎、文献数据库收集相关的文字、视频资料，比如公司创业史、创始人演讲和访谈，并通过反复研习将资料内化于心。访谈中深挖内容，这一阶段的主要工作有深度访谈、索要资料、现场观摩。访谈对象是公司创始人，访谈主线是创业历程，具体内容包括：①请您讲讲自己的创业故事；②请您描述识别这一创业机会的具体情境和详细过程；③请您总结究竟是什么让您识别出这一创业机会；④请您总结究竟是什么让您下定决心开发这一创业机会；⑤请您描述开发这一创业机会的过程和结果。访谈临近结束，要求受访者提供领导发言稿、会议纪要、工作总结、公司内刊等相关资料，并要求受访者安排现场观摩公司的日常运营、高管会议、商务谈判等相关事宜。访谈后撰写案例，按照时间顺序梳理资料，选取关键事件撰写案例，对不确定的信息与受访者沟通确定。

4. 数据分析

本文采用内容分析技术进行数据分析，整个过程包含划分内容分析单元、建立内容分析类别、内容编码、信度与效度检验四个步骤。第一步，将案例中与创业机会识别相关的、具有相对独立完整情景信息的词语、句子或段落划分为最小的内容分析单元。第二步，邀请两位创业科研人员参与，分别用简洁的词汇概述每个内容分析单元所呈现出来的创业机会识别要素，并对这些词汇进行归纳，根据相关性、排斥性和完备性原则，建立内容分析类别。第三步，采用三人独立编码方案，把每个分析单元归入最合适的内容类别中，即使某个分析单元同时带有其他类别的属性也是如此，如果某个单元的含义十分含糊，则放弃分析。第四步，对编码进行信度与效度检验。信度计算公式为 CA=（T1 ∩ T2 ∩ T3）/（T1 ∪ T2 ∪ T3），T1 表示编码者 A 的编码个数，T2 表示编码者 B 的编码个数，T3 表示编码者 C 的编码个数，T1 ∩ T2 ∩ T3 表示三个编码者编码归类相同的个数，T1 ∪ T2 ∪ T3 表示三个编码者各自编码个数的并集，一致性程度在 0.80 以上为可接受水平[①]。效度计算公式为 CVR=（ne−N/2）/（N/2），ne 表示评判中认为某项目很好地表示了测量内容范畴的评判者人数，N 表示评判者的总人数。当认为项目内容适当的评判者不到半数时，CVR 为负值，如果所有人认为内容不当时，CVR=−1.00；当认为项目合适和不合适的人数对半时，CVR=0；而当所有评判者认为项目内容很好时，CVR=1.00[②]。

三、案例描述

1. XY 光伏公司

2014 年下半年，房地产市场低迷，每平方米 4000 元的优质楼盘竟无人问津，房地产开发商如同热锅上的蚂蚁，纷纷探寻转型发展的道路。2014 年 12 月初的一天，XG 房产公司的 X 总召集 20 余人开了一次头脑风暴会，会议主题是"新开发的面积 2.7 万平方米的红星美凯龙屋顶能用来做什么"。每个人都畅所欲言，有的提议建成物业办公室，有的提议建成咖啡阳光房，有的提议建成足球场，还有的提议建成露天泳池……轮到 Y 发言的时候，他脱口而出"做光伏"。大家满脸疑惑，因为都不知道光伏是什么。Y 接着说道："入住咱们写字楼的 YD 新能源公司的 M 总就是做光伏的，听说还有政府补贴。"Y 的提议得到了 X 总的关注，X 总委托 Y 和 C 对接 M 总，调研论证光伏项目的可行性。双方对接后，M 总对红星美凯龙屋顶光伏电站项目表现出极大的兴趣，一是它顺应分布式光伏的发展趋势，二是商业屋顶电站将获得较高的收益。M 总随即表示愿意鼎力相助、合作共赢。之后，M 总对接设计院对红星美凯龙屋顶进行了勘探，并出具了可行性报告。在此基础上，C 于 2014 年 12 月 31 日如期完成了《红星

---

① Bos W, Tarnai C. Content Analysis in Empirical Social Research[J].International Journal of Educational Research, 1999, 31(8):659–671.

② 王重鸣 . 心理学研究方法 [M]. 北京 : 人民教育出版社 , 2001 : 166–196.

美凯龙分布式光伏电站项目建议书》，建议 XG 房产采用企业自投模式成立光伏公司，以红星美凯龙屋顶光伏电站为切入点进军分布式光伏市场。经过反复磋商，双方最终决定共同出资，XG 房产投资 240 万元，YD 新能源投资 560 万元，于 2015 年 7 月 22 日成立了 XY 光伏科技有限公司，主营分布式光伏电站的投资、设计、采购、建设、运行、维护。得益于 M 总多年在光伏行业累积的资源、经验，XY 光伏起步平稳、发展态势逐年向好。时至今日，XY 光伏已成长为年营业收入近亿元的公司，其项目遍布各地。

2. QD 设计公司

1996 年 7 月，L 从 SD 工艺美术学院毕业，成为 LC 大学艺术学院设计系的一名教师。凭借 LC 大学艺术学院这一平台，L 在从事教学工作的同时，有机会接手一些送上门来的业务。没过多久，L 就在当地设计界小有名气，手头上的业务量也越来越多。业务的历练、客户的认可让 L 对自己的专业素养和人际交往充满了自信，L 认为创业时机已经成熟。于是，在 1998 年 8 月 10 日筹集资金 10 万元注册成立了 QD 设计与策划有限公司。得益于前期的客户积累、出色的作品品质，公司起步平稳、发展顺利。L 总结很多创业者失败的原因都是因为选择了一个自己根本就不熟悉的领域，力不从心，困难重重。除非通过实践、学习掌握了一流广告公司的运作流程，才有可能成功。由于缺乏成本控制、人员管理等经验，公司在创业头两年并没有赚到多少钱，但是人气却起来了。

2000 年 9 月，L 进入中央美术学院攻读在职研究生，其间曾应聘到杭州的一家知名广告公司担任设计总监，主要负责项目竞标和设计把关。L 从 2000 年下半年开始接触房地产营销策划业务，先后与杭州最好的两家房地产营销策划团队协作，参与完成了"彩虹城""墨香苑"等大型文化住宅社区的营销广告策划。2002 年初，L 重新回到 LC 发展。QD 公司的设计总监评价学成归来的 L，"无论是在设计水平上，还是在公司运营上，都有了质的提高"。2002 年 4 月，当广东香江集团进驻 LC 商业地产的时候，L 带领团队成功竞标，由 QD 公司协助完成香江集团商业地产的全盘操作。L 把这次竞标的成功归功于自己在杭州公司累积的房地产营销策划经验。该项目共有 4000 套商铺，2 周内销售了 70%，提前一年完成销售预期。QD 公司的主营业务由此从低端广告转型到房地产营销策划，完成了发展史上的华丽蜕变。

3. KS 传媒公司

公司创始人 W 小时候很喜欢听评书，甚至立志要成为一名说书人，有机会就报名参加表演评书节目，久而久之非常擅长讲故事，还变得更加自信。由于学习成绩不好，W 考上职业高中，然后通过自学报名参加了普通高考，并如愿以偿地成为 ZC 大学播音主持艺术学院播音系本科班的一名学生。进入大学，W 早已下定决心要当一名配音演员。为此，他通过各种渠道得到配音演员的电话并毛遂自荐，最终为自己争取到一个跟随配音演员进录音棚观摩学习的机会，由此正式进入配音圈。经过不断历练，W 配音作品越来越多。2001 年大学毕业后，W 毅然选择了配音工作，配音作品近千部。2004 年 W 进入 ZY 人民广播电台，其间演播了几十部小说，成为中国最年轻的小说演播艺术家。2005 年从幕后走到了台前，W 成为 ZY 电视台财经频道主持人，主持的节目收视率颇高，在业内饱受赞誉。在做财经节目的过程中，受到商业案例的影响，对商业产生极大兴趣，并萌生了创业的念头。由于没有经验，W 对创业持谨慎态度，不断学习商业知识，直到自己做成了一个公益项目，用三年时间解决了十几万名孩子穿冬衣的问题，收获了创业自信，并于 2013 年辞职。辞职之后，W 做了一个脱口秀节目，这档节目发展速度很快，单集播放量高达百万级水平，微信用户很快突破 10 万人。业余时间，W 喜欢给女儿讲故事，出差的时候还会留下录音，不仅自己的女儿喜欢听，而且女儿幼儿园班的同学也喜欢听，慢慢地就形成了一个固定的收听群。于是，W 注册了一个专门给孩子讲故事的微信公众号，当用户达到 1 万人的时候，举办了第一次线下活动，现场孩子们的热情让 W 感到无比幸福，他觉得给孩子讲故事、陪伴孩子成长要比做脱口秀更有意义。一番纠结之后，W 决定停掉其他一切事务，将全部精力投入到讲故事这一件事上，致力于研发、生产、销售极致的儿童内容产品。发展至今，其商业领域已经涵盖了内容产品、训练营、亲子课程、优选电商等，它已成长为国内极具影响力的儿童内容品牌。

四、案例发现

1. 快速识别创业机会的机理

快速识别创业机会的内容分析单元包括 XY 光伏公司案例中的"有的提议建成物业办公室""有的提议建成咖啡阳光房""有的提议建成足球场""还有的提议建成露天泳池""Y 提议

做光伏，M总随即表示愿意鼎力相助、合作共赢"和QD设计公司案例中的"当得知广东香江集团进驻LC商业地产寻找合作伙伴的时候，L当即决定参与竞标"。进一步调研发现，人们之所以能够现场提议建成物业办公室、咖啡阳光房、足球场、露天泳池等，是因为他们曾经听过或见过；Y之所以建议做光伏，是因为他之前从M那里了解过光伏；M之所以能够立马答应合作，是因为他做过屋顶光伏电站，知道自持光伏电站的收益；L之所以能够当即决定参与竞标，是因为他曾经在杭州公司做过房地产营销策划。我们把"听过的"或"见过的"叫作知识（Knowledge），即知道的，仅此而已；把"做过的"叫作经验（Experience），即做到的，更进一步地；把"听""见""做"叫作学习，即获取知识或经验的路径。由此可见，之所以能够快速识别创业机会，是因为积累创业知识或者经验，其获取路径是创业学习，即"创业学习—创业知识或经验—快速识别创业机会"，H1得证。

2. 慢速识别创业机会的机理

慢速识别创业机会的内容分析单元包括XY光伏公司案例中的"X总召集20余人开了一次头脑风暴会""X总委托Y和C对接M总，调研论证光伏项目的可行性""C完成光伏电站项目建议书，建议XG房产进军分布式光伏市场""经过反复磋商，双方最终决定共同投资建设光伏电站"和KS传媒公司案例中的"经过研究后，W决定停掉其他一切事务，将全部精力投入到讲故事上"。反思决策过程，X通过召开头脑风暴会解决"屋顶能用来做什么"的问题，希望通过会议获取知识、解决问题。X之所以委托他人调研论证光伏项目的可行性，是因为他在会议上获取的知识尚未达到决策阈值，希望通过委托调研的学习方式获取进一步的知识直至最终决策。至此，"学习—知识或经验—决策"的逻辑已经清晰呈现，它在C和W的决策过程中得到了复证，H2也随即被证明。对比快速识别创业机会的机理与慢速识别创业机会的机理，发现它们在形式上是一致的，即"创业学习—创业知识或经验—识别创业机会"。区别在于，快速识别创业机会的机理是系统1调用创业学习获取的已有创业知识或经验，慢速识别创业机会的机理是系统2进行创业学习建构新的创业知识或经验的过程。由此得到创业机会识别机理的整合模型（见图3）。当没有通过系统2的创业学习建构起相关的创业知识或经验供系统1调用时，主体就无法识别创业机会。这一点在XY光伏公司案例中有显著表现，"大家满脸疑惑，因为都不知道光伏是什么"，一方面在提议时缺乏光伏的相关知识或经验，另一方面后期没有进行相关的创业学习建构创业知识或经验，所以终究无法识别光伏的创业机会，H3得证。

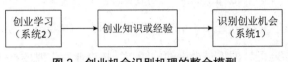

图3　创业机会识别机理的整合模型

3. 获得创业自我效能的路径

体现创业自我效能的内容分析单元有两个：QD设计公司案例中的"业务的历练、客户的认可让L对自己的专业素养和人际交往充满了自信，L认为创业时机已经成熟，于是成立了设计与策划公司"；KS传媒公司案例中的"由于没有经验，W对创业持谨慎态度，不断学习商业知识，直到自己做成了一个公益项目，用三年时间解决了十几万个孩子穿冬衣的问题，收获了创业自信，并于2013年辞职"。其中"业务的历练"是实践式学习，"客户的认可"是成功体验，"充满了自信""认为时机成熟"是创业自我效能，"成立公司"是创业行动。进一步提炼得到"创业学习—创业知识或经验—创业自我效能—创业行动"的逻辑。值得反思的是：创业知识能带来创业自我效能吗？W通过做财经节目积累了丰富的创业知识，但对创业仍旧十分谨慎，可见创业知识不能带来创业自我效能，这一点在教授或研究创业的高校教师身上也表现明显。失败的创业体验能带来创业自我效能吗？失败的创业体验能带来经验教训，但不能带来创业自我效能，唯有成功的创业体验才能带来创业自我效能，这一点在W身上得到了很好的体现。创业自我效能一定会引发创业行动吗？有了创业自我效能意味着消除了对创业的恐惧，但并不意味着一定会创业。没有创业自我效能意味着对创业的恐惧依旧存在，但并不意味着不去创业。所以，创业自我效能不一定会引发创业行动。上述逻辑应该修正为"成功的创业体验——创业自我效能"。

4. 机会识别的人事匹配原则

体现人事匹配原则的内容分析单元有XY光伏公司案例中的"得益于M总多年在光伏行业累积的资源、经验，XY光伏起步平稳、发展态势逐年向好"，QD设计公司案例中的"得益于前期的客户积累、出色的作品品质，公司起步平稳、发展顺利，L总结很多创业者失败的原因都是因为选择了一个自己根本就不熟悉的领域，力不从心，困难重重。除非通过实践、学习掌握了一流广告公司的运作流程，才有可能成功""2周内销售了70%，提前一年完成销售预期"，KS传媒公司案例中的"这档节目发展速度很快，单集播放量高达百万级水平，微信用户很快突破10万人"。光伏事业的开拓、房地产营销策划事业的开拓、内容产品的开发，它们的成功都可以归结为人事匹配，即人员拥有的技能与开拓事业所需要的技能相互匹配。一种情况是，识别出的机会是现有人员不擅长的，这时就需要找到擅长做这件事的人，否则新的事业难以开拓；另一种情况是，基于现有人员擅长识别机会，研发新产品、开拓新事业。两种情况殊途同归，最终都要人事匹配，机会识别应该遵循人事匹配的基本原则。

五、结论与讨论

1. 研究结论

创业者究竟是如何进行创业机会识别的？本文首先对国内外相关研究成果进行了梳理；其次以双过程理论为基础，归纳出人类的一般认知模式，并据此提出了研究假设；最后采用多案例实证研究方法探究了创业机会识别规律。结论如下：①快速识别创业机会的机理是系统1调用创业学习获取的已有创业知识或经验。②慢速识别创业机会的机理是系统2进行创业学习建构新的创业知识或经验的过程。③当没有通过系统2的创业学习建构起相关的创业知识或经验供系统1调用时，主体无法识别创业机会。④成功的创业体验是获得创业自我效能的唯一路径，单一的创业自我效能缺乏对创业行动的解释力。⑤机会识别应该遵循人事匹配的基本原则。

2. 理论贡献

本文的理论贡献有四点：①基于双过程理论和实例，归纳出人类的一般认知模式，加深了对人类认知的理解。②通过案例分析，创建了一个创业机会识别机理的整合模型，解释了人们在创业机会识别上的异同。③验证了成功的创业体验是获得创业自我效能的唯一路径，反驳了仅把创业自我效能作为创业行动的解释变量的不当做法。④提出了创业机会识别的人事匹配原则，在某种程度上调和了效果逻辑与因果逻辑之争。

3. 实践启示

本文的实践启示有三点：①开展形式多样的创业学习，无论是听讲、阅读、视听、演示等学习内容留存率较低的被动学习，还是讨论、实践、教授他人等学习内容留存率较高的主动学习，都有助于丰富创业知识或经验、提升创业机会识别能力。②深入创业实践，积累成功体验，方能跨越知识鸿沟，获得创业自我效能。③遵循人事匹配原则进行创业机会识别，有利于后续的创业机会开发。

4. 研究局限与未来展望

尽管本文对创业机会识别规律进行了有益探索，但是仍存在一些不足之处有待完善。①本文把双过程理论作为创业机会识别的理论基础，然而事实上人们对大脑还知之甚少，未来需要发展认知神经科学，全面深入地研究认知活动的脑机制，为创业机会识别提供科学解释。②本文采用了多案例实证研究方法，其本质是归纳法，所得结论存在外部效度问题，未来需要开展更多的案例实证研究和数理实证研究，以便得出更加稳健、可信的研究结论。③本文的主题是创业机会识别，并未涉及创业机会开发，但案例表明创业机会识别与创业机会开发相互影响，未来需要开展这两个主题的结合性研究，发现两者的相互作用机制。

企业文化

酒醇人淳：

景阳冈酒业企业文化建设之路 ①

摘要： 文化既可以用来评价人的知识和修养，也可以用来表示不同国家和地区历史发展进程中的社会习俗和礼仪，其含义丰富深远。中国《辞海》对文化一词的解释："从广义上来说，指人类社会历史实践过程中所创造的物质财富和精神财富的总和。从狭义上来说，指社会意识形态以及与之相适应的制度和组织结构。"企业文化就是以企业核心价值观为基点，经过逻辑思维，通过对企业文化本质规定的把握以及起作用的规律的分析而形成的。企业文化的传承与创新对于企业长久生命的延续至关重要。景阳冈酒业作为一家极具地域特色的白酒企业，具有悠久的历史传承。面对激烈的行业竞争和残酷的市场淘汰，景阳冈酒业在传承文化的基础上，及时调整企业发展战略，不断完善企业文化建设，创新企业文化内涵，逐步走出了一条极具自身鲜明特色的企业文化之路。

关键词： 景阳冈；企业文化；员工行为

Mellow Wine and Honest People: Construction of Corporate Culture in Jingyanggang Liquor Industry

Abstract: Culture can be used not only to evaluate people's knowledge and accomplishment, but also to express social customs and etiquette in the historical development process of different countries and regions. Its meaning is rich and far-reaching. China's Cihai explains the word "culture"："In a broad sense, it refers to the sum of material wealth and spiritual wealth created in the historical practice of human society. In a narrow sense, it refers to social ideology and the

---

① 本案例由聊城大学商学院（质量学院）匡萍和范林佳撰写。由于企业保密的要求，在本案例中对有关名称、数据等做了必要的掩饰性处理。本案例只供课堂讨论之用，并无意暗示或说明某种管理行为是否有效。

corresponding system and organizational structure." Corporate culture is based on the core values of the enterprise, through logical thinking, It is formed by grasping the essence of corporate culture and analyzing the rules that play a role. The inheritance and innovation of corporate culture is crucial to the long-term life of an enterprise. As a Baijiu enterprise with regional characteristics, Jingyanggang Liquor Industry has a long history. In the face of fierce industrial competition and brutal market elimination, Jingyanggang Wine Co., Ltd., on the basis of inheriting culture, timely adjusted its corporate development strategy, constantly improved its corporate culture construction, innovated its corporate culture connotation, and gradually walked out of a path of corporate culture with its own characteristics.

Keywords: Jingyanggang; Corporate Culture; Employee Behavior

案例正文:

酒醇人淳:景阳冈酒业企业文化建设之路

引言

景阳冈酒业坐落于千年古城——山东省聊城市阳谷县。走进不算宏伟却颇具风格的酒厂大门,你会注意到厂区别有一番韵味的设计。道路两侧整齐摆放着巨大的酒坛、员工统一服饰、设有交通信号指示灯的厂内路口、标有三国语言的展馆指示牌……漫步在这里,充分感受景阳冈酒业作为山东省省级工业旅游示范点及国家 AAA 级旅游景区的独有特色。

风风雨雨,回首过往。从最初只知"三碗不过冈",到如今"中国驰名商标",不知不觉景阳冈酒业已经走过了 72 个春秋。究竟是什么样的力量可以让这个品牌在竞争如此激烈的白酒行业中屹立不倒,经久不衰?事实上,景阳冈酒业历经 70 多年风雨却依然焕发勃勃生机的根本原因在于其特有的企业文化——人淳酒醇。过硬的品质配合传统文化,凸显地域特色元素;旧厂改造融合其他产业发展,文旅结合讲好品牌故事;企业决策引导制度建设和员工行为,探索未来发展新动能……那么,景阳冈酒业是如何建设自己的企业文化,并与时俱进不断创新的呢?

一、景阳冈酒业企业简介

1. 迎难而上:景阳冈酒业的曲折发展历程

(1)从小作坊到国营酿造厂。

起初阳谷县内酿酒作坊有 50 余家,以当地高粱、黄米、小米为原料,泥池发酵,锡锅蒸馏,规模小、经营散。1943 年底,根据抗战所需,抗日政府把当地陈店陈氏酒铺改为"鲁西行署抗战酒庄",酒师陈茂田先生任庄主,生产散装酒,为当地革命事业做出了很大贡献。

1948 年，该酒庄改名为"五区酒厂"，陈茂田任厂长，继续生产散装酒及部分瓶装酒，对治疗当地发生的麻疹病起了关键的作用。20 世纪 50 年代初期，全国各地的酿酒作坊陆陆续续成立为国营酿酒厂，这既是白酒行业的雏形，也是传统酿酒行业向工业化、企业化发展的过渡。1950 年 6 月，聊城地区行署为确保完成中央关于治理黄河的重要指示，决定迅速开展将黄河北岸的建筑物大规模迁移的复堤工程，五区酒厂所在位置列入迁移范围。同年 8 月，在地区行署的统一安排下，以五区酒厂为基础汇集当地酒师，把分散在景阳冈四周的造酒小作坊集中起来，在阳谷县商业局副食品加工厂成立酿酒车间，由康世俊任负责人，这就是阳谷景阳冈酒业的前身。

（2）不惧艰难，注重品质。

虽然酿酒车间整合成立了，但产量没有得到很大的改善。一方面是因为当时的酿酒行业还属于传统的手工行业，完全零机械化生产，原料粉碎上甑、摊凉馏酒等操作全部是由人工完成；另一方面窖池比较小、生产效率低，同时酿酒的粮食作物匮乏，导致产量一直无法提高。1952 年，"三反""五反"运动开展，酒品酿造陷入低谷。1953 年，阳谷作为洪涝灾害的重灾区，粮食生产严重短缺。1954 年，国家实行粮食统购统销。1955 年，国家对工商业改造。1956 年，阳谷县推广养猪业，粮食亏支。1957 年，全县开展整风运动，酒业再次遭受重创。可以说，从 1952 年至 1957 年长达六年的时间里，酒厂几度停产，举步维艰。

简陋的酿酒条件并没有让第一代景阳冈酿酒人知难而退。原材料不足，他们就以茅根、麦秸代之；设备落后，便以人力劳动代之；为了提高产量，加班加点，不辞辛劳，不言辛苦。在这样的艰苦条件之下，景阳冈酒业不断地发展。1963 年，阳谷县商业局将副食品加工厂的酿酒车间移交给阳谷县工业局，命名"阳谷酿酒厂"。景阳冈人深掘民间传统的酿酒技术，积极借鉴名酒厂的先进经验，使景阳冈酒业兴盛了起来。1970 年，阳谷县酒厂生产规模达到年产瓜干白酒 300 吨。1979 年，阳谷县酒厂在挖掘本地传统白酒酿制工艺的基础上，试制成功高档白酒"景阳冈陈酿"。1984 年重注商标，国家商标局核准山东景阳冈酒业注册的"景阳冈"商标。与此同时，"景阳冈陈酿"被评为"山东省一轻优良产品""山东省一轻包装装潢设计特等奖"。同年，"景阳冈陈酿"被国家选送到法国巴黎进行展览。1985 年，"景阳冈陈酿品评会"在首都人民大会堂举办，在全国引起很大反响。

（3）十年磨剑，渐造辉煌。

在市场经济的冲击下，销售下滑出现不景气现象，效益急剧下滑，到1995年，该厂已濒临破产。1996年，阳谷电缆集团收购了酒厂，徐怀谦受命于危难之中，由阳谷电缆集团总经理任上，出任景阳冈酒业董事长。他以景阳冈酒文化为主线，以创建优秀企业文化为动力，以打造景阳冈英雄酒文化为目标，坚持人本管理理念，创新品牌，提高质量，突出个性，实施"人才再造""形象再塑""质量兴厂"三大工程，在当地率先推行ISO9000标准，不仅当年实现了企业的扭亏增盈，而且在1997年销售收入、利税增长幅度位居全省同行业第一。"九五"计划期间，企业累计实现销售收入近8亿元，利税2.2亿元。进入21世纪以来，他带领全体干部员工乘势而上，内抓管理，外拓市场，发挥优势，使景阳冈酒业再现辉煌。景阳冈酒曾先后荣获"山东省优质产品""中国历史文化名酒""首届中国食品博览会金奖""山东省最受消费者信赖的产品""山东省质量管理奖""轻工部出口创汇先进企业"，更在1998年被评为"山东名牌产品""山东省著名商标"。"景阳冈"牌产品在国内外广为销售，享誉大江南北，素有"南茅"（茅台）、"北虎"（景阳冈）之称。2003~2005年，企业连续三年获中国白酒工业百强企业，在全国白酒行业中名列前三十位，位居全省白酒前十名。

2. 临危受命：掌门人与景阳冈的不解之缘

2012年以后，白酒行业由黄金十年的量价齐升转向深度调整期。2012~2015年，白酒行业经历了高端需求受打压、价格下滑、销量骤降、渠道库存高企、渠道抛货等一系列的调整。和上一轮调整（1998~2003年）中白酒产量持续下行不同的是，这一轮的行业调整本质上是宏观经济、外部政策打压和行业发展去泡沫化综合影响的结果，白酒产量并未出现缩量下跌的情况，但2012年之后白酒产品滞销形势较为严峻，产销比连续攀升至2014年的1.05，库存比年初增长在2013年达到峰值，积压现象严重；与此同时，白酒制造业营收和利润增速都出现了快速下滑，行业进入深度调整期。由于高端酒消费的断崖式下降，一些传统的营销模式逐渐开始失效，行业开始转向买方市场，消费者理性回归，品牌意识崛起，行业进入库存过程。

2012年下半年开始，全国白酒行业进入低谷期，白酒销售的规则也被打破，渠道建设也面临重新规划、重新建设的严峻问题，景阳冈酒业面临严重冲击。是生存下去？抑或是退出竞争的舞台？景阳冈人陷入前所未有的迷茫与消沉。

　　2014年，现任山东景阳冈酒业有限公司董事长赵传新在酒水行业跌入低谷时执掌帅印，走马上任。1969年出生的赵传新，最初在山东东方电缆有限公司从事财务工作，1999年调到景阳冈酒业财务岗位工作。最初是财务科副科长、科长，后来升任总经理助理、副总经理之后分管的业务也是以财务工作为主。为此就有担心和质疑，如果企业发展顺风顺水，还可以留出足够的时间来熟悉情况。可面对着白酒行业如此严峻的形势，这个"门外汉"到底能不能担起如此重任。很快大家发现赵传新不仅懂财务，而且懂企业管理。在赵传新看来，企业的掌舵人一定要跳出企业本身的发展，站在整个社会需求的角度寻求发展。就像古人说的"治大国，犹如烹小鲜"，企业管理同样也是如此，抓住了"牛鼻子"就抓住了问题的核心，所有难题也就会迎刃而解。赵传新上任伊始就提出了"质量复兴工程"，编制了未来十年景阳冈白酒质量复兴工程实施大纲，细化产品质量实施细则；酒水质量在原有基础上，人为增加20%的成本，并且做到提质不提价。

　　在党的十四届三中全会多种经营方式并存精神指引下，景阳冈酒业发展多元化的创新之路让这家有着70多年历史的老酒厂慢慢焕发出勃勃生机。2015年，赵传新充分利用企业丰富的老酒资源，把两个废旧仓库改造成了鲁西最大的私人藏酒基地——景阳冈陈年酒庄，实现了老酒快速变现，加快了周转，降低了生产成本。依托陈年酒庄连续八届举办封藏大典，仅封藏酒一箱每年就直接创造销售收入达5000万元，实现了酒旅融合、品牌提升。同年12月，景阳冈酒被中国绿色食品发展中心认定为"绿色食品"；2016年，山东景阳冈酒业确立了质量提升、市场营销、深度管理为内容的主题战略定位。将企业深度管理提升到与质量提升、市场营销同等重要的位置，大力推进组织创新、制度创新，把创新渗透到企业管理全过程。通过实现管理的科学化，不断提高企业效益。建立健全干部能上能下的动态管理机制，更加重视有经验社会人才的招聘。与此同时，在节约挖潜上细化每个生产环节，最大限度地降低生产费用和产品成本。景阳冈新研发的"透瓶""八两·雅量"两款产品，一经面世就受到了消费者的热捧，同年10月和11月，景阳冈酒在全省同行业中首个被国家质检总局认定为"国家生态原产地保护产品"，并荣获"中国制造2025高峰论坛·十佳品质优秀企业奖"；2017年8月，企业被中国酒类流通协会认定为"国家级放心酒工程示范企业"；在2019布鲁塞尔国际烈性酒大赛上，景阳冈赖茆荣获"双金奖"；2022年7月，企业获得"第七届山东省企业管理创新成果奖"。

　　众所周知，景阳冈有着深厚的文化积淀。赵传新表示，景阳冈酒文化饱含豪放和无畏，充满人情味，是真正意义上的英雄酒文化。它是给人以阳刚之气和正义感的酒文化，是最能给人以信心和勇敢，最能体现人生价值的酒文化。为此，他通过深挖企业文化内涵，在提升品牌力量的同时谋求更大的发展格局。山东景阳冈酒业申报获批"山东老字号""山东省级非物质文化遗产""山东省级工业旅游示范基地""山东省级文明旅游示范单位""山东省级研学教育基地""国家绿色工厂"，把文化和旅游更加紧密地结合，从而推动企业由制造向创造转变，由速度向质量转变，由产品向品牌转变。

企业还相继建立了山东大学重点文化产业项目研究基地、山东省食品工业发酵研究设计院科研基地、聊城大学质量学院质量文化研究基地、山东师范大学美术学院教学实践基地、齐鲁工业大学大学生就业实习与创业教育基地，紧紧围绕文化建设、技术创新、质量管理、人力资源等开展深度合作，推动企业在人才、文化、技术、质量、品牌等方面的全面发展。企业逐步完成了一场由制造到创造、由速度到品质、由产品到品牌的"品质革命"。先后荣获"国家绿色食品""国家生态原产地保护产品""国家级放心酒工程示范企业""国家地理标志保护产品""国家 AAA 级旅游景区"。创新营销要顺应趋势，拥抱数字化，推进线上线下渠道和场景的融合，和消费者之间建立长期、持续、深入的互动和沟通，使品牌和产品深入消费者的内心，融入消费者的生活。

在全国竞争如此激烈的白酒行业中，景阳冈人风风雨雨走过了 72 年，景阳冈酒业创出了自己的一番天地。弘扬优秀传统文化，深度挖掘特色文化，景阳冈酒业将继续打造工业生产和文化旅游相结合的特色旅游产业，努力打造白酒主业突出、文旅色彩鲜明、产业融合科学、经济效益良好的大型企业集团公司。

二、立本土，重品牌，企业文化渐生成

1. 地域文化孕育"人淳"传承

阳谷历史悠久，文化源远流长。1973 年，中国社科院考古队在十五里园镇叶街村东 500 米，发现当地百姓传说的"皇姑"冢墓，并鉴定为仰韶文化遗址。张秋镇陆海村西红埚堆发现了新石器时期的石铲，系大汶口文化时期遗址遗物。张秋镇景阳冈遗址是一处龙山文化时期的城址，面积达 38 万平方米，城内有专供祭祀的台基和完整的卧牛骨架，与《尚书·舜典》所记用全牛祭祀活动相吻合。科学考古的遗址、遗物证实了阳谷是同时拥有仰韶文化、大汶口文化和龙山文化的地区，其中代表龙山文化的张秋镇景阳冈遗址体量颇大、规格颇高。

从有史书记载以来，阳谷就由于其"在齐鲁，近中原，地遗秦晋"的独特地理位置，经历了多次文化的碰撞、融合与衍生。早在春秋时期，孔子及其弟子就曾长期在阳谷及其属地——聊城活动，所以这片土地深受儒家文化的熏陶和滋养。《隋书》中曾称赞聊城，"今其人尚多好儒学，性直怀义，有古之风烈"。阳谷有文庙，那是孔子讲学的宗堂；阳谷有孔子宿处碑，孔子于此留宿并"西望有莘之野"；阳谷有子路堤；阳谷曾把孔子弟子的遗迹称为——邑之光、祈蚕圣祠、冉子书院、颜子封邑、高子羔原……

2. 历史文化造就"酒醇"特色

黄河的咆哮与奔流不息赋予了沿黄河两岸的劳动人民以勇敢豪侠、拼搏竞上的冒险精神。但是在大运河开凿之前，阳谷曾饱受黄河泛滥之苦，商贸经济也受其掣肘。京杭大运河的全线通航给这片古老的土地带来了前所未有的机遇，运河商业文明的开放、包容、创新、灵变等特色，在黄河农耕文明的勤劳、踏实、信诚、勇为的底色上，璀璨出经济富庶、文化昌明的会通河带，也孕育出独具特色的黄河文化和运河文化。邻黄河的阳谷东阿一带，地下水系恰好处于泰山、太行山两脉汇流，中有黄河流过，两山夹一河独特的自然地理环境造就该地区地下水具有特殊的功效，天然弱碱、丰富的矿物质、硬度适中，富含钾、镁、锌、铁、锰等对人体有益的微量元素，优冽水质赋予酒体不凡的品格。故而，这一带是天然的酿酒地。

景阳冈酒源于《水浒传》，成于《金瓶梅》。两部古典文学名著，一个英雄武松打虎的故事，造就了中国白酒行业中独树一帜的英雄酒文化。武松打虎的故事来自文学，毕竟不是正史。但挖掘历史，阳谷似乎更有底气，更硬气。据历史考究，1958 年在景阳冈村出土了一块石碑，由于时代久远，碑阴大部分字迹已模糊不清，有极个别字迹尚可辨认，镌刻着"武松打虎处"。经考证，此碑乃北宋末年或南宋初期所立，现已移至景阳冈旅游区内，正是这五个字，证明了历史长河中存在英雄武松的原型。考古发现，阳谷县张秋镇的景阳冈地下有一座 38 万平方米的龙山文化城址，城内有专供祭配的台基和完整的卧牛骨架，设计格局与《尚书·舜典》里所记以全牛进行祭祀活动高度吻合。并且，景阳冈附近多处遗址也出土了大量的陶器、青铜和石器，杯、壶、尊、觚、爵等酒器也足以证明这里酿酒的历史已有 6000 多年。景阳冈酒道馆于 2010 年建成开放，展览面积达 2000 平方米，收藏历代珍贵酒器文物 2800 多件，包括陶瓷、青铜、瓷器、玉器、木器、鎏金、锡器等多个器种，从上古到清代，历朝历代都覆盖，已被录入山东省博物馆名录。景阳冈龙山文化遗址是迄今为止黄河流域发现的最大的一座龙山文化古城址，规模大、规格高在国内亦属罕见。甚至有考古专家推断，此处很有可能是舜的都城。历史学家范文澜先生考证，伏羲族是东夷民族，活动的中心就在山东和豫东一带，彼时的泰山和沂蒙尚在海里，山东多是水乡，鲁西南一带才是东夷腹地，阳谷位在其中。这段历史是阳谷的底蕴，也是景阳冈酒的骄傲资本，说舜都是中国酒文化的发祥地也丝毫不为过，夏禹的祭司仪狄发明酒比杜康酿酒早了八百多年。至唐宋时期，景阳冈周边村镇上出现了很多的酿酒作坊，再后来，"透瓶香""三碗不过冈""出门倒"被写进文学名著，也肯定是现实中因其普通且影响大。

作为拥有千年历史的文化名酒，景阳冈酒业在发展过程中非常注重历史文化的传承。作为"透瓶香"的继承者与发扬者，景阳冈酒业紧紧抓住"千年景阳冈"核心品牌效应，以景阳冈酒"高而不烈、低而不淡"的品质口感和景阳冈"人淳酒醇"的企业精神为依托，积极利用现代传播手段，向消费者传达"昔日景阳冈，三碗不过冈，今日景阳冈，三杯酒更香""千年景阳冈，今日酒更香""景阳冈酒，英雄的酒"的文化诉求和消费理念。多年来，经过一代代景阳冈人的不懈努力，景阳冈品牌的知名度、美誉度不断提升，成为企业发展的助推器。加上景阳冈酒业高标准的口感质量保证，景阳冈酒深受消费者的青睐，成为老百姓心目中的名牌产品。例如私人定制纪念酒——十二生肖酒（见图1），主打生肖文化和投资理念的收藏白酒，是中华民族千年生肖文化和白酒文化的完美结合，为该酒赋予了丰厚的文化内涵。如图1所示，十二生肖黑坛经过72道工序精心烧制，在瓶盖的顶部喷有景阳冈商标，瓶盖颈部特有的防伪锁（扳起即开），验证防伪，追根溯源；瓶身镀金十二生肖图案，细腻独到，精雕细琢，品质而生。利用两山加一河的特殊地理环境造就的优质水源，精选山东景阳冈酒业自种有机高粱，采用赖氏传承的复窖酱香工艺精心酿制，盛入"会呼吸"的陶瓷酒坛，储存于常年恒温恒湿的景阳冈陈年酒庄内，使其愈久弥香。

图1 十二生肖酒

资料来源：山东景阳冈酒厂有限公司官网产品中心。

3. 酒醇人淳的企业文化

酒，是地域民风、民情精华的结晶。一方水土养一方人，一方人造就一方美酒。用景阳冈人的纯朴和真诚酿造的、有"味柔芳甜""余香不尽"之称的景阳冈酒，既继承了武松打虎的坦荡豪放和酒威酒韵，又秉承精湛的酿造技术和生产工艺，使景阳冈酒畅销不衰。进入新的发展时期，景阳冈酒业管理团队锐意进取，创造出了管理求"精"、过程抓"细"、控制从"严"、作风务"实"的高效管理典范，对企业价值追求的认识也不断提高，履行社会责任，强企报国，回馈社会，在企业的发展历程中，形成了内涵丰富的价值理念体系。经过多年的探索，尤其在2006 年导入卓越绩效管理模式之后，企业自觉按照卓越绩效管理的内容要求，结合企业内外部环境的变化，进一步明确了企业的愿景、使命、价值观等文化理念系统（见表 1 和表 2）。

表 1　景阳冈酒业企业文化

企业文化	企业愿景	为国家聚财、为企业谋利、为员工造福
	发展目标	白酒主业突出，文旅色彩鲜明， 产业融合科学，经济效益良好
	企业使命	精酿百姓酒，共圆中国梦
	核心价值观	诚信、专业、进取、和谐
	企业精神	人淳酒醇
	经营理念	先做人、后酿酒；做好人，酿好酒
	行为准则	遵章守纪、爱岗敬业、心系企业、顾全大局

表 2　景阳冈酒业企业文化核心理念诠释

理念	内容	诠释
企业愿景	为国家聚财 为企业谋利 为员工造福	景阳冈酒业作为国有企业，在生产经营过程中，始终把质量提升、创新营销、深度管理作为工作中的重中之重，把国家、企业、员工三者利益相统一，在企业发展的过程中，为国家创造更多税收，为员工创造更多福利
发展目标	白酒主业突出 文旅色彩鲜明 产业融合科学 经济效益良好	紧紧围绕产业升级，加速新旧动能转换，发挥独特的文化优势，积极实施"一城一村"战略，努力打造集白酒主业突出、文旅色彩鲜明、产业融合科学、经济效益良好的大型企业集团公司
企业使命	精酿百姓酒 共圆中国梦	精心酿造每一滴高质量的放心酒，奉献给广大消费者。把酿造每一滴高质量的放心酒作为每一位员工共同的追求，努力实现每一名员工的梦想，共圆一个伟大复兴的中国梦

理念	内容	诠释
核心价值观	诚信、专业进取、和谐	诚信：诚实守信，言行一致，讲信用、讲信誉 专业：专心专注、精益求精，把产品做到极致 进取：尽职尽责、勇担重任、奋勇争先、追求卓越 和谐：发展、包容、共赢，与事业伙伴共同成长
经营理念	先做人，后酿酒做好人，酿好酒	诚心诚意做人，实实在在酿酒，坚持"文化传承""工艺传承"，做好文化，做强品质，要坚持酿造，不浮躁，不急功近利
企业精神	人淳酒醇	"人淳"指的是做事先做人，做人要淳朴、正直，要有胸怀，要有一颗真诚的心，要严格要求自己，善待别人，善待消费者，要学会包容和宽容，要像对待自己那样，对待他人，人品决定酒品。 "酒醇"要严格执行产品技术标准，严格执行工艺，严格遵守工艺纪律，确保产品质量，不得生产假冒伪劣产品，要视消费者利益为最高利益，生产的产品质量合格率达到100%
行为准则	遵章守纪爱岗敬业心系企业顾全大局	先做人，后酿酒。企业员工要严格要求自己，拥有较高的道德情操，爱厂如家，关心企业发展

景阳冈人秉承上千年的英雄酒文化，弘扬"人淳酒醇"的企业精神，恪守"先做人，后酿酒；做好人，酿好酒"的经营理念，坚持以景阳冈酒文化为支撑，以打造中国白酒金字招牌为目标，实施名牌战略，人才兴厂工程，狠抓技术、管理、体制创新，促进企业健康稳定发展，达到"为国家聚财，为企业谋利，为员工造福"的企业愿景。

企业为确保"酒醇"的优良品质，大力引进国内先进的管理体系，建立了GB/T19001、HACCP、环境管理体系、职业健康安全管理体系、计量检测等体系，通过体系管理，提高了企业经营管理水平。面对产品安全的要求，山东景阳冈酒业坚持用信息化改造企业的管理，实现数据的大集中，管理的大整合，降低成本，提高效率，防范风险，做到标准化管理、自动化生产、信息化控制，改变工业传统落后的管理方式，促进企业快速健康发展。同时关注顾客需求，加强客户沟通，持续改进产品质量和服务。景阳冈酒业在追求企业高速发展的同时，长期以来切实履行企业所应承担的社会责任，严格遵守经营、环境、安全、质量等相关法律法规，实现清洁生产、节能减排和资源综合利用；依据企业使命为指导结合企业发展战略和行业特点，有计划、有针对性地支持公益事业，持续反哺社会，为政府分忧，为群众解难。

酒香不怕巷子深。2015年中央电视台发现之旅频道《品质》栏目组走进景阳冈酒业进行专访，并在中央电视台科教频道播出。参加各种博览会和全国、省糖酒会，展示产品形象和企业形象，树立品牌美誉度。同时，策划媒体、名人、企业家、读者、消费者、销售客户等也相继走进景阳冈酒业活动，并全力做好"开放式办厂"的接待工作，通过参观座谈和与企业的零距离接触，让顾客亲眼目睹了产品是怎么生产出来的。再如组织教师节慰问师生、慰问消防官兵活动等一系列公共关系活动，提升企业的美誉度。

三、建制度，塑行为，企业文化实落地

1. 强化高层引导

企业高层领导始终坚持文化引领示范作用，秉承"诚信、专业、进取、和谐"的核心价值观，努力营造良好的内部环境，主动承担质量主体责任，注重品牌建设、加强内控体系全面风险管理、不断完善绩效管理体系。构建并保持了组织不断追求卓越的企业文化，积极履行社会责任，通过有效的沟通和良好的贯彻，营造了令顾客、职工、社会和相关方满意的组织环境。恪尽职守、乐于奉献，强化自身廉政建设，成为全体员工学习的典范。重视并积极履行企业社会责任，将企业发展成果惠及社会各方，为和谐社会建设做出了突出贡献。

经过多年的历史积淀、努力和追求，企业领导关注行业发展趋势，把握行业发展机遇，集中优势资源，与时俱进，勇于创新，对企业文化进行提升，在核心理念体系中，明确了企业使命、愿景、价值观、经营理念、企业精神、员工行为准则，激励全体员工为企业的共同理想而奋斗，实现了企业文化的传承和发展，为企业的持续成功奠定了坚实的基础。企业实行厂长领导下的厂长办公会负责制，主持评审企业的管理业绩，履行各种社会责任。由厂长、副厂长等九名成员组成了企业决策层，实行分工负责制，下设部室长、车间主任。企业领导认为，企业文化是企业竞争力的源泉。景阳冈酒业作为阳谷县唯一的国有企业，在竞争日趋激烈的经营环境中，全面落实科学发展观，结合企业的历史沿革，形成了独具特色的企业文化。

高层领导带头践行企业使命、愿景和核心价值观，为全体员工树立榜样。高层领导聚焦行动，积极决策部署新基地建设和新市场拓展，并与国内同行业先进企业结成伙伴关系，提升核心竞争力；扩大规模，延伸企业知名度，一项项承担企业使命，一步步去实现企业发展愿景。企业每年度召开表彰大会，高层领导亲自向年度诚信标兵、业务标兵、技术标兵、管理标兵、

生产标兵颁奖，营造企业文化落地氛围；高层领导还通过月度职工座谈会，亲自解剖典型案例，向全体员工深刻阐明"诚信、专业、进取、和谐"重要意义；并定期带队赴各生产基地检查质量控制情况，促进企业文化在全体员工和实际生产过程中得到落实。

高层领导重视沟通机制的建设，切实履行重大决策，尤其是涉及员工切身利益的重大事项，通过经营分析会、专项会议，特别是年度职工代表大会、月度职工座谈会等重要形式，实现与全体员工的沟通，确保员工民主参与管理权益，确保集中大家智慧且形成广泛共识。不仅如此，高层领导特别关注部门、层级间双向沟通，并且通过在高层建立专项工作推进领导小组和其他跨职能组织，以及专项会议和信息平台建设等，构建了打破部门、层级间壁垒，及时沟通，有效协调，信息分享的双向沟通机制。

2. 注重制度建设

为了进一步落实酒醇人淳的企业文化，景阳冈酒业遵循"厚德载物，诚信为本"的道德理念，保证自身行为符合诚信准则。一方面，企业通过制度健全、责任明确的方式，从制度上杜绝了有违道德事件的出现。如财务总监对资金流动，财务报表等定期进行分析总结；供应科每年对订货合同，合同履约及违约情况等进行分析，对供方进行评价和分析等。另一方面，企业从文化建设入手，对全体员工特别是主要业务部门进行道德、诚信意识的强化，通过这些方法来监测企业的道德行为及诚信准则。多年来，在企业道德体系的监管和高层领导的带领下，企业诚实守信、依法经营、依法纳税、顾客满意度持续提高，在社会公众中树立了良好的诚信形象。企业于2014年被聊城市委宣传部授予"四德工程"、2015年被山东省总工会等部门授予"山东省德耀齐鲁道德示范基地"。

企业的发展壮大离不开员工们的努力奋斗。员工们的精神面貌直接关系着企业的生存和发展。"活到老，学到老"是企业的无声力量。不学习，跟不上时代的步伐；不学习，将落伍于他人。打造学习型企业，把加强全员学习、提升全体员工的综合素质作为增强企业核心竞争力的重要工作来抓，也是企业的一项重要制度。在景阳冈酒业2020年版的《员工手册》中，要求全体员工学习员工管理政策和规定，在此手册的指引下，自觉履行工作职责，遵守法律法规、社会道德规范，遵守公司的各项管理制度，做一名优秀员工。通过手册可以看到一个企业的管理制度的完善，包含了人事管理、考勤管理、出差管理、车辆管理等。在手册中，不仅仅能够看到企业设立制度约束员工，也包含为了促进员工学习，提高学习效率，公司建有文康娱乐设施、福利等规定。先后建立阅览室、乒乓球室、多功能会议室等，丰富员工工作之余的健康娱乐生活。开展专业技能培训，组织开展劳动技能竞赛，营造出浓厚的学习氛围，实施一次性现金奖励、晋级、年终评模等奖励方式，激发出员工高昂的工作热情。在全员理论学习过程中绝不走过场，为了使学习真正取得实效，公司要求员工做到"真学、真信、真干"，开展系统的理论学习，不断提升政治理论修养；加强理想信念教育，使员工牢记党的初心和使命，同党中央保持高度一致，共同画好"同心圆"；这在厂区的景阳红党建展厅中能够充分的体现（见图2）。赵董事长新旧动能转换的推进工作，在工业遗产馆的呼应下，能够充分感受。工业遗产馆是由老厂房改造而成，两侧写有各个时期的标语，标语下方收集了公司工业化进程中用到的老物件——高粱脱壳机、砟子，甚至还有当年员工俱乐部的娱乐器材；中间陈列的展柜中存放着富有时代印记的老档案，记录着彼时原酒厂的大工业生产组织和开展的情况，主要展示创业历程中不同时期的印迹，员工在这里可以看到时代印记和彼时原酒厂的大工业生产组织和开展情况，而研学者可以了解祖国现代化快速发展中不同时期的印迹，感受祖国工业化的快速发展。

图2 景阳红党建文化馆

资料来源：笔者拍摄于山东景阳冈酒厂有限公司。

3. 塑造员工行为

随着人文社科领域的研究发展，企业文化这一无形要素在员工行为塑造方面的积极作用得到越来越广泛的证实。景阳冈酒业充分认识到企业文化的深远作用，重视对企业文化的建设。景阳冈酒业建厂初期，是集中多个小作坊一起，由于地域、历史、规模等原因，多个作坊企业文化差异大，甚至可以说缺乏传统意义上的企业文化，广大员工思维模式和做事方式随意性强，有较大不同，行为缺乏基本指引，增加了企业管理的难度。为了能够使企业具有凝聚力，景阳冈酒业在不断的发展过程中，注重培养员工行为并将其转化为企业行动。

为充分发挥企业文化对管理的促进作用，使景阳冈酒业的企业文化能够更好地落地和发展，企业不断更新和改进管理方针和工作信条。最新版的员工手册于2020年印刷，用于约束员工及企业宣传之用，为广大员工的行为提供基本指引。这一版的员工手册突出"人淳"特点，注重"人文化""家文化"的有机结合。

"人文化"主要是员工的基本行为准则，为员工的仪容仪表及行为给予文字规范，走进办公区域，统一着装，佩戴工牌，公司高层管理成员一视同仁，无一例外，这让不同岗位的员工有集体荣誉感，将自己的行为与企业形象紧密联系起来，约束自己厂内厂外的个人行为。为充分发挥企业文化中人的主动因素，2020年版的员工手册中还体现出景阳冈酒业部门职能明确，不同的管理内容考核由不同的部门监督实施情况，员工也可以提出建议，在其所在部门随时都能领取《合理化建议表》，在"现状分析"一栏中应对现状加以说明，并对其产生的原因和将导致的隐患加以分析；"期望和目标"一栏应说明通过一定改进措施后应达到的具体目标；"实施办法"一栏中应说明采取措施的方法和步骤，应用措施应有合理性和可操作性。再经过涉及的部门进行评审，不论采纳与否，都要与建议者不定期沟通，如建议被采纳，实施后根据对企业发展的大小，会有四个级别的现金奖励和晋升的机会，大大激发了员工对企业发展的积极性。

天下之本在国，国之本在家。"家文化"历来是中华民族传统文化的核心。在企业展馆中，家风家教书法展学馆就以"家风文化"为展入点，对中华优秀传统文化进行创造性转化、创新性发展，弘扬当代价值，同时深挖阳谷历史上众多的家风传承故事和记载，传承与弘扬"景阳家风"的地缘文化。展馆共分为"上古家风""圣贤家风""经典家训""红色家风""家风故事""母教文化"六个展区，展示精品书法作品上百幅，收集姓氏家训一百余个，配有研学教室三个，拓印桌一百余张。以"展厅＋研学书院"的家风文化综合体形式，打造了家风精神文化传习高地。不仅通过展馆宣传"家文化"，景阳冈酒业也不断践行"家文化"。一直以来，景阳冈酒业都有"金秋助学"的传统活动，作为公司文化建设的重要组成部分，让员工感受到来自"家"的温暖，激发员工以厂为荣、爱岗敬业的工作热情，更让学子们心怀感恩，进而感恩父母、报效社会。2022年8月，景阳冈酒业召开2022年度员工子女金榜题名座谈会，向金榜题名的员工子女送去公司的关怀和温暖，向辛勤培育孩子成长的员工表示亲切慰问。以这样特殊意义的形式给予员工及其子女以美好祝愿，也更体现了企业的文化精神内核，进一步激发了员工的工作热情和对企业的深厚情感。

四、结语

文化是一个国家、一个民族的灵魂。文化兴国运兴，文化强民族强。党的二十大报告提出："推进文化自信自强，铸就社会主义文化新辉煌"，没有高度的文化自信，没有文化的繁荣兴盛，就没有中华民族伟大复兴。景阳冈人始终坚信企业文化是一种信念的力量、道德的力量、心理的力量。无论是举步维艰的创办之初，还是激情燃烧的改革时期，抑或是当前成绩骄人的创新发展时期，这三种力量相互融通、相互促进，形成了良好的企业文化优势，饱含豪放和无畏，充满人情味，是真正意义上的英雄酒文化。它是给人以阳刚之气和正义感的酒文化，是最能给人以信心和勇敢，最能体现人生价值的酒文化。70多年来，景阳冈人始终发扬"酒醇人淳"的企业文化，提升品牌力量的同时谋求更大的发展格局，成功地带领企业创新升级，突破了以酒业为主的单一性产业布局，讲好特色产区、品类故事，从人文、酿造、科创、品饮等方面寻找更能与消费者产生共鸣的文化主题，初步构建了多产业、多业态并存的产业格局，走出了一条农业、工业、旅游业三大产业相融合的创新发展之路，开拓了工业旅游的新路径，拓展了工业旅游的大版图。

潮平两岸阔，风正一帆悬。"酒醇人淳"的企业文化会支撑景阳冈酒业未来走向何处？让我们拭目以待。

启发思考题：

1.结合案例分析景阳冈酒业是如何建设其企业文化的？

2.结合案例，如何理解领导者在企业文化形成过程中的作用？

3.结合案例描述景阳冈酒业的成功遭遇了哪些困难？是如何克服的？如果你是赵传新，你会怎么办？

4.根据案例材料，谈谈景阳冈酒业是如何实现企业文化贯穿于企业管理始末的？